天下文化
BELIEVE IN READING

財經企管　BCB758

中美匯流大未來

地緣政治、宏觀經濟、企業經營趨勢

作者

周行一

圖文協力

顧庭伊

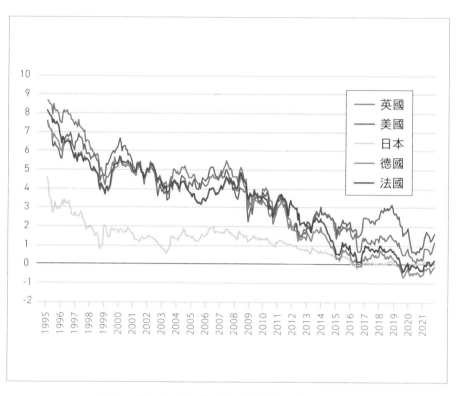

圖 1——英、美、日、德、法五國十年期公債利率走勢圖

資料來源：Investing.com, https://www.investing.com/rates-bonds/（作者整理繪製）。

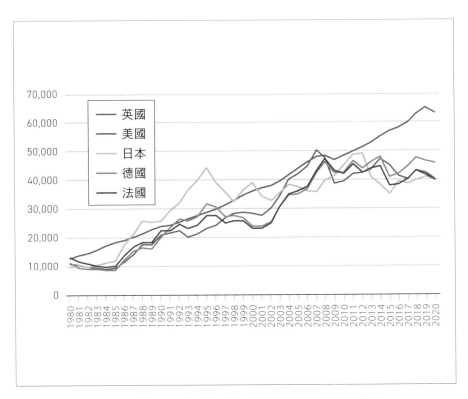

圖 2 ── 英、美、日、德、法五國每人平均國民所得（單位：美元）

資料來源：IMF, World Economic Outlook (April 2021), https://www.imf.org/external/datamapper/
NGDPDPC@WEO/DEU/FRA/GBR/USA/JPN（作者整理繪製）。

圖 3──COVID-19 疫情前各國實質國民所得成長率（2019）

資料來源：IMF, World Economic Outlook, https://www.imf.org/external/datamapper/NGDP_
RPCH@WEO/OEMDC/ADVEC/WEOWORLD。

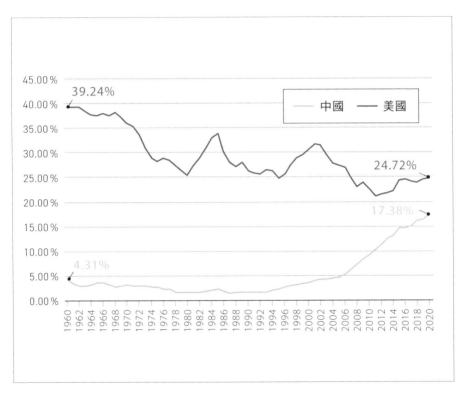

45.00%
39.24%
40.00%
35.00%
30.00%
25.00% — 中國 — 美國
24.72%
20.00%
17.38%
15.00%
10.00%
4.31%
5.00%
0.00%
1960 1962 1964 1966 1968 1970 1972 1974 1976 1978 1980 1982 1984 1986 1988 1990 1992 1994 1996 1998 2000 2002 2004 2006 2008 2010 2012 2014 2016 2018 2020

圖 4——中、美二國 GDP 占世界總產出比例的變動

資料來源：World Bank, World Development Indicators, https://data.worldbank.org/indicator/
NY.GDP.MKTP.CD（作者整理繪製）。

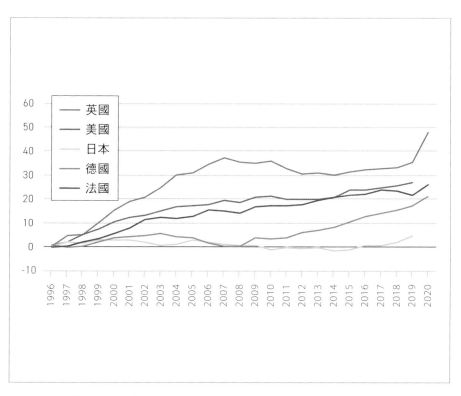

圖 5──英、美、日、德、法五國實質薪資累積成長率（1996-2020）

資料來源：https://data.oecd.org/（作者整理繪製）。

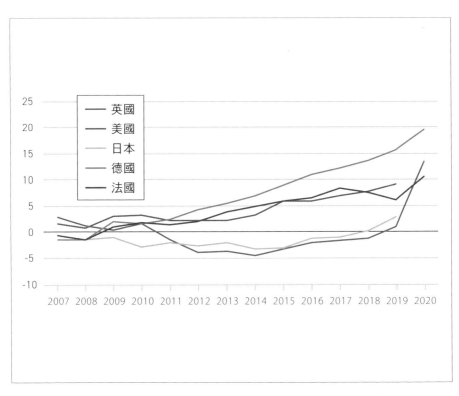

圖 6──英、美、日、德、法五國實質薪資累積成長率（2007-2020）

資料來源：https://data.oecd.org/（作者整理繪製）。

2021/9/17
4,432.99

2020/2/19
3386.15

2020/3/23
2,237.40

圖 7── 近五年美國標準普爾 500 指數走勢

資料來源：https://www.investing.com/（作者整理繪製）。

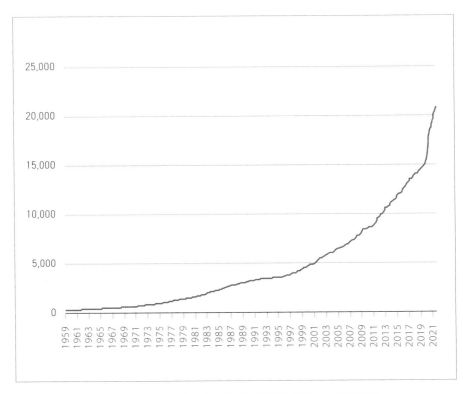

圖 8──美國貨幣供給額（M2）歷年走勢圖（單位：10 億美元）

資料來源:Federal Reserve Bank of St. Louis，https://fred.stlouisfed.org/series/M2NS（作者整理繪製）。

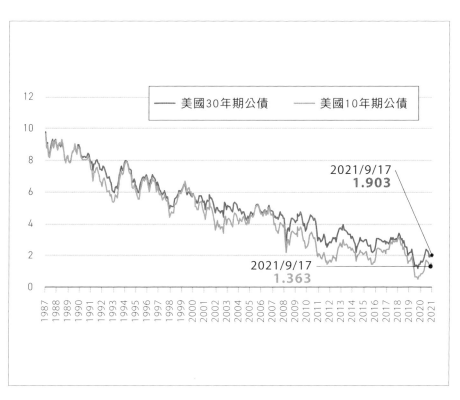

圖 9──美國 30 年期公債及 10 年期公債走勢圖

資料來源：https://www.investing.com/（作者整理繪製）。

目錄

自序—— 18

楔子—— 22

第一章　短熱長溫的經濟展望—— 28

疫情衝擊下的短期經濟展望—— 31

疫情後的經濟發展—— 36

未來不會有長期慢性的高通貨膨脹—— 42

機會無窮但充滿風險的世界—— 51

第二章　剛開始的戰爭—— 54

美國想要的中國—— 56

不容忽視的後起之秀—— 61

第三章　中美將共同決定未來的世界 —— 70

其實中國已經與美國一起主宰世界經濟了 —— 71

亞洲將因為中國成為未來十年全球經濟的亮點 —— 78

美國的金髮女孩經濟（Goldilocks Economy）—— 82

中國的鳳凰經濟（Chinese Phoenix Economy）—— 88

第四章　美國，歷久不衰的翹楚 —— 96

制度完善，尊重慣例 —— 97

善於反省與改善 —— 99

美國將成為全球多元族群融合的典範 —— 103

愛國英雄來自四面八方 —— 107

競爭把創新送到外太空 —— 114

第五章　抑中聯盟——118

政權移轉改打團體戰——120

盟國「抑中」的好處？——127

抑中的地緣政治利益——127

抑中的經濟利益——130

補償「抑中」損失，美國給得起嗎？——138

站上食物鏈頂端，爭取最大利益——143

盟國的自我省思——154

第六章　中國，全面啟動長期抗戰的準備——160

儘管已改革開放幾十年，中國仍百廢待舉——162

關鍵戰略——積極發展內需——171

建立利於經濟發展的法治環境——177

鼓勵創新創業，以共同富裕為目標——192

雙贏的中美戰爭——197

第七章 中美競爭中的匯流 —— 202

趨向社會主義化的美國資本主義 —— 204

美國會有更多國家資本主義色彩 —— 216

美國未來的地緣政治策略 ——「遠交近屏」—— 218

繼續市場經濟化的中國社會主義 —— 224

中國極可能成為巨大的新加坡 —— 227

中國極權中的民主 —— 237

中美是總體經濟政策的攣生兄弟 —— 242

中共的施政愈來愈與民意結合 —— 244

中國的金融監管與實務愈來愈像美國 —— 249

中美企業的戰略與商業模式邏輯一致 —— 254

第八章　在中美的未來中
脫穎而出的企業與個人——258

決定企業經營績效的關鍵因素：資本配置——259

國際經營環境——260

全球經營環境風險——264

價格風險——275

股票價格的波動——278

台商的策略與風險管理——286

因應策略調整，趁資金成本低時準備資本支出——292

一般人的生涯發展策略與風險管理——294

你的長期投資策略——298

掌握趨勢關鍵因素，執行最佳判斷——302

自序

掌握多變世界的未來趨勢

    美國川普總統於 2017 年 1 月就職前，全世界就已對這一位特立獨行、非典型的政治人物議論紛紛，他就職不久後立即有對他頗為負面的書籍出版，對一位剛就職的總統，大家不待其有所表現，就存在許多疑慮，在美國是一個非常罕見的現象。

    川普選舉時對 ESG 及移民所持的意識型態讓美國環保人士

及自由派民眾感到焦慮，他的「美國第一」立場也讓盟邦擔心他是否真的會退出全球氣候協定、退出 TPP、要求對美國有利的貿易條件；在國際地緣政治方面，川普對美國的宿敵俄國友善，卻對盟國及中、俄與伊朗達成的限核協定深為不滿，他也威脅對中國不公平的貿易與商業行為採取行動。

川普上任後基本上認真執行了競選政見，因此成了全世界的夢魘，他在國內抑制綠能產業、鼓勵石化能源、限制移民並且在美墨邊境築牆、退出全球氣候協定、退出 TPP 的協商、對盟國間的貿易態度強硬、要求盟國多承擔國防經費，甚至單邊退出伊朗限核協定等等。

儘管這些措施讓許多人咬牙切齒，但對世界的影響都算是暫時性的，只要美國換了總統，都可以回復原狀。但是他啟動了一件對全球未來數十年有深遠影響的事——中美貿易戰，將來美國必定長期陷入這場戰爭，因此，川普的歷史地位絕大部分會由中美貿易戰的結果定論。

我在川普當選後即開始思考美國將對中國採取什麼樣的態度，因為這攸關全球未來的地緣政治、宏觀經濟情勢與企業經營環境，對每一個人都將有深遠的影響。川普做了一件他的前

任們遲疑不決的事情，這些美國總統們都認知中國遲早會威脅到美國的霸主地位，但是美國在中國有強大的經濟利益，美國打擊中國對全球的影響及美國自己的利弊得失有高度的不確定性，因此發起攻擊的時機與策略遲遲無法定案。川普魯莽的個性，不願意通盤思考後果，喜歡以直覺迅速做決策的作風讓他在就任一年後 2018 年即發起貿易戰，之後快速蔓延到國家安全、地緣政治、科技競爭等層面。

中國本來期待拜登總統上任後美國會改弦易轍，回歸川普前的中美關係，但是很快就了解川普開始的是一場美國早就想打的戰爭，後來的美國總統必定愈打愈烈，直到必須停手為止。

2017 年後迄今，我最熱中的演講主題是川普將如何領導美國，以及中美貿易戰如何影響世界的經濟與經營環境。這本新書是這些年的研究心得，我努力以客觀的態度分析這一場攸關人類歷史的強國鬥爭，隨時提醒自己避免主觀的偏好影響資料的蒐集方向與判斷。我根據資料與邏輯推論中美的未來，對自己的分析與結論有相當的信心。

這本書得以完成，首先必須感謝曾經擔任過我的祕書的顧庭伊小姐，我在擔任政大校長期間，因為顧祕書的盡心盡力

讓校務得以順利推動。顧小姐又再次在本書上對我有極大的幫忙，她旁聽我的演講，細心整理文字與圖表，而且幫忙蒐集資料，同時在出版前專注校對。

這本書得以出版主要是因為天下文化創辦人高希均教授對我的信任與鼓勵，高教授細心閱讀我的初稿後，給我精闢的意見，讓我把初稿修訂成更令人滿意的版本。天下文化是頂尖的出版機構，我的書能被接受出版，令我深以為榮。

天下文化深受讀者好評，主要原因應該是編輯團隊的專業深獲讀者的信任。在本書編輯的過程中，我深深感受到編輯的細心與專業，不僅在文字方面提供很棒的建議，而且精心校對數據與出處，我對吳佩穎總編輯及張彤華小姐致以崇高的敬意與感謝。

最後，我一定要誠摯感謝這幾年在不同的學校、企業、機構、團體等，聆聽我演講的聽眾，他們的回饋給我許多反思的機會。

這本書在 2022 年 1 月出版，COVID-19 變種病毒層出不窮，ESG 的風險不斷擴大，中美戰爭方興未艾，未來是一個變化多端的世界，盼望您讀了這本書，能夠更好地掌握未來的趨勢。

──楔子

2018 年 3 月，美國總統川普發動中美貿易戰，鬥爭已從貿易面擴張至科技、教育、人權、意識型態、地緣政治及文宣戰等層面。中美「貿易戰」其實已是中美「戰爭」，儘管美國於 2021 年 1 月已由拜登接任總統，戰爭熱度仍持續升高。未來一、二十年，影響人類的最關鍵因素之一將是中美

戰爭，所有人都應對它的前因後果有深刻的認識，以求持盈保泰。

本書提出幾個重要問題，同時提供答案。為什麼美國發動戰爭？美國的戰爭目的是什麼？美國結合盟國打群架會有效嗎？美國會持續強大嗎？中國能打贏嗎？中美的未來會是什麼形貌？全球的總體經濟與經營環境趨勢會如何？你的策略應該是什麼？

美國開打貿易戰之前，世界經濟大環境已然不佳。國際貨幣基金組織（International Monetary Fund，簡稱 IMF）的資料顯示，[1] 全球實質經濟成長率（扣除通貨膨脹率後）每況愈下，已從 2007 年的 5.5%，下降至 2018 年的 3.6%。貿易戰開打一年後，更是降至 2019 年的 2.8%。

2020 年 COVID-19 疫情肆虐，全球經濟成長率為 -3.3%，

---

1. IMF, 2021, https://www.imf.org/external/datamapper/NGDP_RPCH@WEO/WEOWORLD.（擷取日期：2021 年 9 月 6 日）

弱勢族群（老年人、窮人、工作技能低者）受害最重，而富者卻愈富。在 2021 年第三季時，疫苗及抗疫藥品陸續問世及生產，但世界各國疫苗施打速度緩慢，儘管富有國家情況相對較好，富如美國也只有 56% 的民眾施打完畢，澳洲則必須等到 2022 年初才可能達到群體免疫的水準。

西方國家隨著疫情漸漸和緩，經濟有加溫的情況，亞洲地區卻陷入新一波變種病毒的威脅之中。疫情加劇了全球經濟低成長的趨勢、惡化了貧富差距及社會衝突，本書一開始將於第一章中說明此階段短、中期的全球經濟走向。

令人憂心的是，現在僅是中美戰爭的初期，雖不至於荷槍實彈，但會愈演愈烈，硝煙瀰漫，世界經濟充滿風險。美國總統拜登在 2021 年 3 月 25 日舉行上任後首場總統記者會，明確表示將阻止中國超越美國，同時聲稱要加大投資，確保勝利。

本書將解釋美國必須狠打中國的原因。短期間美國會努力在科技與研究方面與中國脫鉤，世界供應鏈將大幅動態調整，充滿不確定性。長期觀之，世界的經濟將由美國與中國驅動。

2020 年經濟合作暨發展組織（Organization for Economic Cooperation and Development，簡稱 OECD）會員國的經濟全部為負成長，[2] 中國是全球極少數唯一正成長（2.3%）的國家。未來，藉由內需市場的持續擴張，大約八年內，中國的經濟規模將與美國相當，屆時美國必須接受以對等的地位與中國協商交往的規則來維持世界秩序，在那一刻到來之前，美國必定竭盡所能打擊中國。

　　儘管中國的經濟規模遲早將比美國大，美國在未來數十年間仍將是一個強盛的國家。美國 2020 年的成長率為 -3.5%，但這是一個短暫的現象。本書將說明美中戰爭的結果會是「雙贏」，美國因政治與經濟制度，以及得天獨厚的立國精神與傳統，得以持續強大。

　　美國能長期成功抑制中國成長的機率很低。拜登政府極

2.　OECD 會員國多數為已開發國家，占全球 62% 的產出。

力組織「抑中聯盟」，但美國國力相對衰退的趨勢並無法因拜登的上任而改變，加上與中國做生意對美國的盟友有強大的吸引力，美國的「抑中聯盟」將缺乏持續的說服力。

三十年後，中國與美國將是一個截長補短、政經制度差距縮小的狀態。中國從一個政治威權、經濟開放的政體，緩步開放政治自由，變成一個超級大的「類」新加坡；而美國則由民主政治、重資本主義的自由市場經濟，走向社會主義化，雖仍為民主自由國家，但基於國家安全，政治的威權成分將增加。換言之，美國與中國在政治、經濟、法律、商業、金融制度方面將愈來愈相像。

為了抑制中國，美國與盟友將聚焦於南海周邊國家的合縱連橫，該地區將是未來全球競爭的匯聚點，會因歐美各國資源的注入而獲益，但也因此大幅增加地緣政治風險。

此外，5G、電動車、新能源、生物科技的進步將帶給世界無窮的機會。中美戰爭將產生許多連帶損害（Collateral Damage），許多國家即使不選邊站，也會受到負面影響，這是大風險，但是機會險中求，做為企業經營者或者是投資人，你必須了解，中美戰爭的趨勢將如何影響你的企業、工作及

投資！

　　本書最後將建議讀者，在了解未來的環境後，如何思考
企業發展策略、個人生涯發展及投資布局。

第一章
短熱長溫的經濟展望

　　2021 年年中，世界正從 2020 年 2 月開始的疫情中恢復，中國至 2021 年 8 月底已有 8.89 億人口完成疫苗接種。自 2020 年 2 月武漢封城三個月之後，中國的疫情迅速得到控制，成為世界主要經濟體唯一享受正經濟成長率的國家。2021 年上半年，國際貿易是中國成長的主要動力，隨著內需逐漸回升，依國際貨幣基金組織統計資

料顯示，中國的經濟成長率超過 8%。[1]

　　歐美各國與其他新興國家雖相繼採取各種不同層次的「保持社交距離」（Social Distancing）、戴口罩、接觸追蹤與隔離或封城手段，但是效果不彰。印度在 2021 年 4 至 5 月爆發全球最大規模的疫情，亞洲數個國家也開始面臨變種病毒的挑戰，包括越南在內等多個國家大幅關閉工廠。看來疫苗仍是最佳解方。

　　COVID-19 疫苗的研發速度空前，以往疫苗研發要好幾年才會有成果，這次不到八個月即有所成。截至 2021 年 6 月，世界衛生組織已經批准了輝瑞（Pfizer-BioNTech）、莫德納（Moderna）、牛津－阿斯利康（Oxford-AstraZeneca）、嬌生（Johnson & Johnson）、中國國藥（Sinopharm）、中

1.　https://www.imf.org/external/datamapper/NGDP_RPCH@WEO/OEMDC/ADVEC/WEOWORLD.（擷取日期：2021 年 9 月 6 日）

國科興（Sinovac）等六種疫苗的緊急使用，而這些疫苗對於變種病毒仍有一定的防禦力。除此之外，次單位蛋白疫苗諾瓦瓦克斯（Novavax）等疫苗仍在全力發展中。即便不斷出現變異病毒，科學家咸認，像莫德納等以新科技（例如mRNA）研發出的疫苗，將能在極短時間內調整成分對抗變種病毒。

　　藥廠也已積極開發感染COVID-19後的治療用藥，包含禮來（Eli Lilly）與雷傑納榮（Regeneron）藥廠的抗體藥物、吉利德藥廠（Gilead Sciences）的「瑞德西韋」（Remdesivir）、默克藥廠（Merck）與里奇巴克生物醫藥公司（Ridgeback Biotherapeutics）合作研發的抗疫口服藥「莫納皮拉韋」（Molnupiravir），以及輝瑞針對住院患者研發的靜脈注射藥物等。這些疫苗與解藥正促使經濟加熱復甦。

疫情衝擊下的短期經濟展望

由於疫苗仍極為短缺，各國疫情仍然在舒緩與失控的循環中。但是各種努力正在降低這個風險，例如印度在2021年4至5月間爆發了全球最大規模的疫情感染，美國政府即緊急撥轉疫苗給印度使用。同時，美國政府也透過COVID-19疫苗全球取得機制（COVAX）捐助20億美元，提供疫苗給中低收入國家，並「出借」疫苗給墨西哥、加拿大等鄰國，迄今已捐助超過1.1億劑疫苗幫助65個國家，2021年8月底再送出5億劑輝瑞疫苗協助100個中低收入國家進行抗疫。

另一方面，中國也開始向多國提供疫苗，並於2021年4月宣布與阿拉伯聯合大公國合作，將由中國國藥集團旗下的中國生物技術公司（CNBG）與阿布達比當地的G42集團合作設廠，於中國境外生產命名為「Hayat-Vax」的疫苗，估計年產值可達2億劑。此舉也讓中東及非洲國家人民加快了疫苗接種的腳步。以目前情況看來，全球完成疫苗施打的目標大約可於2022年年底達成，2022下半年有望讓各國民眾逐漸

回歸正常生活。

2021 年年中,美國的經濟表現已經很好,失業率已從病毒嚴重肆虐期間的 14.8% 降至 5%。[2] 美國中央銀行(聯準會)預期 2021 年經濟成長率可達 6%,國際貨幣基金組織預估全球 2021 年的經濟成長率將是 6%,[3] 而最先進國家亦將高達 5.1%。疫情造成 2020 年的經濟大幅衰退,國際貨幣基金組織、世界銀行(World Bank,簡稱 WB)、經濟合作暨發展組織等,都預測 2021 年的經濟成長勢必高於 2020 年。

下列原因將造成 2021 年及 2022 年經濟高速成長,2023 年成長速度則將回歸到 2020 年疫情發生前的低成長趨勢。

一、疫情期間前所未有的寬鬆貨幣政策及財政紓困措施

疫情剛開始時,電視與網路上充斥著感染者與死神掙扎、屍袋不足的驚心畫面。歐美與中國一樣,把抗疫比喻為戰爭。起初美國媒體預測全美死亡人數會超過越戰,甚至二次世界大戰。媒體的報導天天都是感染與死亡人數創新高、醫療資源不足,且經濟會因「保持社交距離」而停止運作、受到重創。

為了舒緩疫情造成的經濟衰退,各國政府在 2020 年紛紛

採取極度寬鬆性貨幣政策，大幅降低利率，並幾乎無限制購買公、私部門債務。例如美國中央銀行的 M2 貨幣供給史無前例地於一年左右增加了 26%。[4] 圖 1（請見本書第 3 頁）顯示主要已開發國家的十年期公債利率走勢圖，美國在 2018 年年底時曾高達 3%，2020 年 7 月降至 0.533%，而聯邦拆款利率迄今徘徊在 0% 左右。這些錢加上低利率，使得公民營機構很容易發債取得資金，造成許多該倒閉的企業苟延殘喘，變成了殭屍企業（Zombie Enterprise）。

川普總統任內各種紓困方案的總金額接近 5 兆美元，占全

---

2. "Unemployment Rates During the COVID-19 Pandemic": In Brief, Congressional Research Service, Updated Jan 12, 2021. https://crsreports.congress.gov.
3. https://www.imf.org/external/datamapper/NGDP_RPCH@WEO/OEMDC/ADVEC/WEOWORLD.（擷取日期：2021 年 9 月 6 日）
4. https://fred.stlouisfed.org/series/M2.

國生產額的 20% 以上。拜登總統上任以後，國會在 2021 年 3 月又通過 1.9 兆美元的疫情紓困法案，當中包含只要個人年度所得低於 8 萬美元，或是夫妻合計所得低於 16 萬美元，就可以領取 1,400 美元的補助支票，合計約有 4,000 億美元支出；依白宮的估計，約有 1.6 億家戶能獲得補助。

這些前所未有的寬鬆貨幣政策及財政紓困措施，減輕了疫情對經濟的影響。此外，疫情期間，愈富有的國家紓困力道愈大，而最貧窮的國家只能杯水車薪地支出，擴大了國家間的貧富差距。

二、被壓抑的需求會刺激成長

歷史經驗告訴我們，當不預期的衝擊發生時，經濟活動會受到短暫的抑制，但衝擊結束就會恢復，稱之為「Pent-Up Demand」（被壓抑的需求）。暫時被抑制的消費，在衝擊結束後會因為本來的習慣而回到原有模式。

疫情期間採取的保持社交距離及封城等措施抑制了消費，加上紓困補助金的挹注，使得美國的儲蓄率在短期內衝高至 20% 的稀有情形。由於疫情前的儲蓄率只有 4%（低儲蓄率才

是美國常態），隨著疫情逐漸受到控制，被壓抑的需求釋放出來後，這些儲蓄將有助於活絡經濟。

三、各國將維持寬鬆貨幣政策直到擔心經濟過熱為止

變種病毒持續出現，許多國家疫苗施打率卻仍然很低，為了避免經濟二度衰退，各國將維持寬鬆貨幣政策直到擔心經濟過熱為止。

以美國為例，即便有許多經濟學家呼籲，疫情期間投入的龐大資金將引發通貨膨脹，而且美國 8 月份的年通貨膨脹率已達 4.3%，美國聯邦準備理事會（Fed，以下簡稱聯準會）仍在 2021 年 9 月公布的最新「聯邦公開市場操作委員會」（FOMC）聲明中明確表示，將於年底前才逐步降低每月購買的公債數目（大約 1,200 億美元），以支持美國經濟，實現充分就業和物價穩定的政策目標。

為了達到充分就業，除了維持寬鬆的貨幣政策，聯邦資金利率的目標區間也將維持在 0 至 0.25% 不變。聯準會相信現在的通貨膨脹率升高為暫時性的，只要長期而言通貨膨脹率平均為 2% 左右，即使有一段短時間通貨膨脹率超過 2%，

也會予以容忍，以便全力支持個人及企業、維持金融市場的穩定、達到充分就業和物價穩定的目標。

疫情後的經濟發展

　　隨著疫情逐漸舒緩，且全球持續寬鬆的貨幣政策與財政支出，2022 年將延續 2021 年的經濟正成長趨勢。如果 2021 年經濟產出無法回到疫情肆虐前的水準，2022 年必將繼續正成長，成長速度則將受到疫苗對付變種病毒的有效性及全球施打的普遍程度影響。

　　筆者認為，2023 年開始，全球將回到疫情前的經濟發展步調及節奏，已開發國家大致會回到 2008 年金融危機以來的低成長狀態，亞洲則會回到疫情前相對高成長的狀態，而其他新興及低度發展國家整體將回到原來逐漸疲弱的經濟發展趨勢。

　　儘管歐美國家長期採行寬鬆的貨幣與財政政策，圖 2（請見本書第 4 頁）仍然顯示自 2008 年全球金融危機後，德國、

法國、英國、日本等富有國家的國民所得每況愈下，迄今無法回到 2008 年時的水準。英國除了在此波疫情中損傷重大，並因脫歐，相較於德國及法國，經濟成長率更形低落；日本則自 1990 年代泡沫經濟後，至今無法恢復榮景。

由此可知，在 COVID-19 疫情尚未發生之前，許多富有國家的經濟已處於低成長的狀態，而圖 3（請見本書第 5 頁）顯示，疫情前的經濟亮點是南亞、東北亞與東南亞。疫情對經濟的影響好像是疾病對人的身體產生重擊，遠離之後，能恢復到生病前的狀態即屬非常幸運；所以，2023 年後全球經濟將回到 2020 年前的低成長趨勢，而全球未來經濟的競爭重心會在所謂印太地區（Indo-Pacific），包含南亞、東南亞、東北亞、紐澳、美國等太平洋周邊區域。

中國與美國將是未來世界經濟成長的主要因素。中國的經濟體愈來愈大，已接近美國的四分之三，如果未來每年的成長率是 5%，而美國是 2.5%，不到 10 年，中美的經濟規模就會一樣，合起來接近世界的一半，如圖 4（請見本書第 6 頁）所示。本書在未來章節會說明中國持續高成長的理由。

2023 年以前，按美國聯準會的聲明推論，在沒有經濟

過熱的威脅前，貨幣政策的紀律會稍微降低標準，寧願承擔少許經濟過熱的風險，也不願有過度緊縮的危機。而財政政策將非常積極，拜登競選時承諾處理的幾項棘手難題，包括 COVID-19 疫情、經濟、種族不正義、氣候變遷，以及中國問題等，都必須砸重金處理。

美國國會在 3 月初通過 1.9 兆的美國拯救計畫（American Rescue Plan）之後，拜登馬上對國會進行遊說，希望通過一個新的、高達幾兆預算的基礎建設法案。為了避免在美中戰爭中失去優勢，美國將全面投入國防、美國製造與新科技的研發等。

疫情發生前，專家稱讚美國的經濟狀況為「金髮女孩經濟」（Goldilocks Economy），即經濟成長率好、失業率低、股市旺、通貨膨脹溫和、薪資溫和成長、長期利率已經比短期利率高。2021 年美國經濟復甦良好，2023 年以後也會表現得比歐元區主要大國好。本書在未來章節會說明美國經濟特別具競爭力的理由。

美國的主要歐洲盟友包括德國、法國、英國、義大利、西班牙等，這些國家的經濟自從 2008 年全球金融危機以來，

一蹶不振至今：亞洲盟國日本更慘，自 1990 年經濟泡沫後，已經失落了三十年。圖 2（請見本書第 4 頁）顯示，日本 1995 年的國民所得高達 44,000 美元，2019 年卻只有 40,000 美元。圖 1（請見本書第 3 頁）則顯示，這些國家的長期利率愈來愈低，經濟卻無起色，表示社會的經濟活力不足，即使資金成本低，也沒有許多投資的需求。

　　這些國家的共同特徵是社會福利支出占國家的經濟產出 25% 以上；企業的雇用彈性低。[5] 在法國，如果雇主想把員工調到 25 公里以外的地方上班，必須先與員工協商。法國總統馬克宏在 2017 年修訂了勞工法律，讓雇主能更有彈性地訂定雇用條件，同時降低解聘員工的成本，增加企業長聘員工的意願，減少短期聘任契約。這些政策在疫情發生前似乎已經

---

5. 英國例外，2019 年占 20% 左右，但是 COVID-19 疫情必定更拉高了社福支出比例。

有些成效，但法國還有許多更難做的改革，例如減低非常慷慨的失業補助。[6]

　　西班牙有歐洲次高的失業率，仍於 2021 年 3 月宣布將以 3 年期間實驗一週工作 4 天（32 小時），如果公司參與實驗，政府將補貼員工的薪資差距，讓企業減少負擔。在日本，政府極力避免大企業倒閉，而新創事業的環境不佳，安倍首相任內推出著名的「三支箭」，但成效不彰，政府的債務迭創新高。

　　相對於全球，印太地區將是 2023 年以後的經濟亮點。不僅是由於亞洲地區國家如中國、印度等仍將有高成長，亞洲占了全世界人口的 60%，「區域全面經濟夥伴協定」（Regional Comprehensive Economic Partnership，簡稱 RCEP）於 2020 年 11 月 15 日生效，成為全球最大的自由貿易區域。也由於南海地區配合中國經濟發展，已成為中國產業結構往高附加價值活動轉型中的承接地區。美中戰爭引發的從中國撤出供應鏈，正加速了這個趨勢，例如越南在短短一至二年內接受許多外資設立工廠，已漸面臨無足夠能量接受外商設廠的狀況。

　　假以時日，印太地區將成為中國的生產腹地及市場。也

由於南海及周邊的自然資源豐富，人口眾多，經濟看好，美國及其他已開發國家因經濟及地緣政治考量，將積極介入南海事務。南海周邊國家會因歐美國家的大力投資而受惠，但也會因承受在中國與美國間選邊的壓力而困擾。未來十年，南海周邊是大國與強國的戰略重鎮及兵家必爭之地。

COVID-19 疫情發生前，除了東南亞與東北亞，許多新興國家與開發中國家由於長年經濟管理不善，經濟發展已成頹勢。例如自 2010 年以來，拉丁美洲與加勒比海國家以及非洲地區的經濟成長每況愈下，巴西與墨西哥在 2010 年的經濟成長率各為 7.5% 與 5.1%，到了 2019 年減至 1.4% 及 -0.1%，巴西在 2015 年甚至負成長了 3.5%。

許多新興民主自由國家如巴西與墨西哥，政治、司法、

---

6. "Macron's labour market changes begin to bear fruit", *Financial Times*, Oct 28, 2019, https://www.ft.com/content/d97e480a-c99b-11e9-a1f4-3669401ba76f.

典章制度長期無法上軌道，除非這種狀況得以逆轉，否則其經濟在 COVID-19 疫情後並不樂觀。儘管彭博資訊的一篇文章預測，不自由或部分自由國家的全球經濟比重將愈來愈高，在 2050 年時的世界總產出占比將達 40%，而這些國家在 2020 年時的占比還不到 30%。[7]

可是，這些國家也會把經濟搞壞，俄國在 2011 年時的經濟成長率是 5.1%，2019 年時是 2%。以往大家耳熟能詳的金磚五國僅剩中國與印度還維持像樣的成長，南非在 2019 年時成長率僅剩 0.2%。

未來不會有長期慢性的高通貨膨脹

許多人擔心，如果在 2021 年與 2022 年，全球產生高通貨膨脹，甚至形成慢性問題，往後的經濟狀況就不樂觀了。但是作者相信，現在到 COVID-19 疫情結束後，雖然會有短期的物價上揚，但不會是一種長期性的慢性高通貨膨脹。

當疫情逐漸舒緩，民眾恢復原來的消費及儲蓄習慣，開

始進行旅遊及增加開支時，對物價一定會造成壓力。石油價格即是一個很好的例子，2020 年病毒開始肆虐時，不到 20 美元就可買到一桶石油，到 2021 年第三季時，一桶石油的價格已經漲到超過 70 美元了。其他原物料價格也飛漲，銅價已上漲到 1 磅 4.5 美元的歷史高點；5 月份鐵礦價格曾達 1 噸 200 美元，接近歷史新高。可是，2020 年的全年銅需求量為 2,800 萬噸，僅占全球銅儲量（估計為 8.7 億噸）的 3.2%，世界銅資源估計超過 50 億噸，因此，儲量不是問題，短期需求增加而供給跟不上，才是銅價上漲的原因。

所以物價已經開始升高，美國 2021 年 8 月份的通貨膨脹率達 4.5%，是近幾年高點；台灣的通貨膨脹率達 2.36%，是

---

7. Tom Orlik and Bjorn Van Roye, "An Economist's Guide to the World in 2050", *Bloomberg*, Nov 2020, https://www.bloomberg.com/graphics/2020-global-economic-forecast-2050/.

2016 年以來的高點。隨著 1.9 兆美元疫情紓困法案的通過，美國總統拜登 3 月底在匹茲堡的演說中提出了規模 2.25 兆美元的基礎建設方案——「重建美好未來」（Build Back Better）計畫，希望投資於交通網絡現代化、綠能經濟、美國製造、弱勢與老人照護等，以推動經濟增長，創造數以百萬計的就業機會，促進國家安全。這個計畫堪稱二戰以來最大的投資，最終目標就是要超越中國。

而拜登在 2021 年 4 月份又提出了一個新的「美國家庭計畫」（American Families Plan），總金額 2 兆美元。據估計，「重建美好未來」計畫必須經過數月的兩黨協商，最後內容與金額尚無法確定。但可預期的是，在拜登的總統任內將有數兆美元的刺激性財政支出，帶來物價上漲的壓力，許多經濟學家擔憂是否會造成長期性的通貨膨脹。

2023 年以後的全球社經環境不會是通貨膨脹的溫床，有下列原因：歐美國家的債務狀況並不允許持續性的擴張政策，而且債務的增加通常伴隨著加稅措施，部分抵消財政擴張的效果。拜登已提出要增加年所得超過 40 萬美元者的所得稅率、富人的資本利得稅（證所稅）及企業的營利事業所得稅。

2008 年以來，歐美國家更形社會主義化，有較多的社會福利支出及限制企業營運彈性的制度，導致創新的資源及動能相對減弱，政府債務本就節節升高，由於疫情而採行的大量紓困措施更使得政府債務加劇。例如美國的政府債務已超過經濟規模的100%，近期陸續通過及新提出的財政支出措施，預估還將使美國政府債務占 GDP 的比例再創高峰，2050 年將高達 200%。

日本在 COVID-19 疫情發生之前，國家債務占 GDP 的比例即高達 230%，由於疫情爆發，該比例已增加至 250%。中國總債務達 GDP 的 340%，其中政府債務占 GDP 比例為 60% 左右，家庭債務已接近 70%，公、私企業部門債務達 200%。高債務是中國極大的隱憂，最近中國最大的地產公司恆大集團支付不出債務利息，已讓人擔心系統性風險的問題。因此，在 2021 年至 2025 年執行的「十四五規劃」中，特別強調控制財務槓桿以避免債務過度膨脹。

各國日益沉重的福利支出及紓困方案所形成的財政負擔，將使未來採取強力財政政策、刺激經濟攀升的能力受限。

已開發國家的經濟缺乏活力，這是個長期趨勢，可以從

各國的 10 年期政府公債利率看出端倪。日本有長期的負利率，
2021 年第三季時雖回復為正數，但十年期政府公債利率亦僅
為 0.055%。美國二十五年前利率尚達 8%，現則為 1.45% 左右。
台灣也不遑多讓，2001 年時十年期政府公債利率尚有 4%，但
至 2021 年 9 月只有 0.44%。

　　總括而言，長期利率為長期向下的趨勢，原因是市場資
金長期寬鬆但想運用資金者很少，最後大部分資金回到有錢
人手上，沒有再運用於企業投資。當有錢人願意將金錢進行
儲蓄與金融投資（例如買股票與房地產），但不願意投資於
企業發展時；當政府政策偏向大量補助企業，避免倒閉，而
企業不進行投資時，市場上將充斥投資於金融資產的資金。
這些錢最終將集中到少數人手中，形成「富者愈富，貧者愈
貧」的一個惡性循環，對實體市場造成的物價壓力不大，卻
會造成金融市場的通貨膨脹。

　　2023 年以後不會形成長期性的高通貨膨脹的原因，除了
上述的全球經濟動能在 COVID-19 疫情發生前已頗為薄弱，
中國在 2020 年底提出的新五年經濟計畫（十四五規劃）著眼
於高品質成長及降低槓桿，不若以往所採用的強力貨幣政策

及財政政策，大量投入基礎建設如蓋廠房、機場、公路、高鐵等，因此，對全球原物料的需求壓力會相對較輕。

中國未來的主要成長訴求為內需的增長，中國的內需占總經濟產出的 40%，與先進國家占比 60% 以上還有很大的距離。服務業、高端科技、綠能必須是未來先進內需市場的基礎，中國將從一個大量消耗自然資源的生產型經濟結構，轉型為一個低耗能的服務型經濟，而中國綿密的高鐵建設亦有助於減輕公路運輸的壓力。

穩健的經濟成長必須來自於中產階級或弱勢者的消費增加。一般人的核心需求成長率無法與富人的財富累積速度呈等比例增加。當財富愈來愈集中於少數富人手中時，其他人的消費成長即受到了限制，過去一、二十年來的趨勢即是如此。「社會不平等」是一個長期存在的問題，世界上最富有的 1% 富人擁有了全球 44% 以上的財富。

根據樂施會與國際勞工組織（Oxfam and the International Labour Organization）的統計資料顯示，在 2020 年 3 月 18 日至 12 月 31 日間，COVID-19 疫情造成全球經濟衰退、財富縮水的時候，富有者的財富仍持續上升，但勞工階級則有大幅

的薪資損失，貧富之間的差距因為疫情而更加擴大。換言之，COVID-19 疫情強化了社會不平等的趨勢。

富者愈富的重要原因之一是勞工的薪資成長率無法與生產力並駕齊驅。自 1970 年代開始，美國勞工的時薪成長率開始與生產力成長率脫鉤，到了 2019 年，生產力已是 1972 年的 3 倍，時薪卻成長不到 50%。主要原因在於大部分的生產力增加無法歸因於一般勞動力的投入，反而是因為機器設備與資訊科技的進步、管理效能的提升、產品與服務的創新。所以，勞動力的投入在生產過程中逐漸變得較不重要，反而是投入資金研發及購買設備的有錢人、具備高度技能的管理者、專業技術人員獲得較高的報酬。

非技術性勞工則由於替代性較高，隨著科技進步，被取代的機會大幅增加，對此類勞動力的需求也同時下降，形成了非技術性勞工薪資成長率低、失業率提高的現況。當疫情衝擊經濟時，有限的資源更必須運用於取代性低且可促進生產力之要素上，非技術性勞工的失業情形因此更加惡化；這個趨勢將同時為未來的經濟成長與消費帶來負面影響。

2021 年的通貨膨脹主要原因是 COVID-19 疫情導致的供

給面不足。以海運貨櫃價格為例，2021 年的價格是過去五年的 5 至 6 倍。2020 年疫情先是造成大量訂單取消，之後又因為網路消費激增造成廠商急補存貨；而疫情中各國經濟復甦的速度不一致，譬如中國最早開始能大量生產，可是當時許多貨櫃船停靠在歐美的港口，無貨可載往中國及亞洲，中國卻因訂單激增需要大量貨櫃，因此導致價格暴漲。

3 月份蘇伊士運河被一艘貨櫃輪船卡住，導致運河有一週的時間無法通行。接著各國疫情輪番燃燒，有的國家被迫減產（例如越南），有的國家港口關閉（例如中國寧波舟山港），有的國家港口到貨卻無法卸貨（例如歐美）。簡單講，貨輪無法在需要的地方即時出現，是造成運費飆漲的主要原因。等到世界貿易流量回復正常狀態，運費即會回到正常水準。

能源價格（例如燃煤與石油）的飆漲也是因為供給無法跟上需求的突然上升所致。電力與交通工具是現代民生與經濟運行的基礎，世界各國的能源生產依序來自煤、石油與瓦斯、核能，而綠能（例如風力、太陽能等）所占的比例仍非常低。疫情期間突然增加的商品需求，主要集中在中國及亞洲生產，而這些國家主要是依賴煤與石油等石化能源產生電力。生產

需求造成電力的消耗量增加許多，但過去幾年世界各國都為了改善氣候變遷問題，大量投資於綠能，對傳統電力的生產設備鮮少更新與維護，導致傳統電力輸送網不足、能源儲存設備老舊。在綠能尚無法取代傳統電力前的銜接不足狀態下，中國必須限電，歐洲也有缺乏能源的問題。

突然升高的能源需求、貨輪供給與需求的配置嚴重失調所產生的能源運送問題，以及氣候、勞工、環保等問題所導致的生產瓶頸，造成了石化能源的價格飆升；而大家擔心 2021 年冬季會是伴隨著聖嬰現象的寒冬，造成各國開始囤積石化能源，更推升了價格。這種價格飆漲現象在全球經濟狀況逐漸回歸正常，且世界各國了解在綠能尚無法有效銜接傳統能源之前必須繼續投資傳統能源設備後，價格會回歸到較為正常的範圍內。

因此，雖然疫情期間通貨膨脹率已有上升的情形，但不會有長期性過高的現象。日本是一個很好的實際案例，過去三十年來，日本長期處於低利率，但極度寬鬆的貨幣政策及財政政策並沒有拉高通貨膨脹率。

不過國際食品價格極可能是個例外，雖已快達歷史新高，

但有可能會持續攀升。食品價格受科技及環境的影響，科技的進步使食品生產更有效率，而環境的變化諸如氣候變遷、洪水等則可能不利於食品生產，但是環境因素可能比科技因素更影響食品價格。如果未來食品價格持續上漲，新興及低度開發國家因無力與富有國家競價，將是主要受害者。

機會無窮但充滿風險的世界

古人說：「禍兮福之所倚，福兮禍之所伏。」每件事情都有正反兩面，COVID-19疫情無情地打擊了許多人，卻也創造了許多機會。例如：在家工作者的比例大幅提高、工作形式及工作條件變得多樣化且更具彈性、消費及投資習慣更趨向網路化及個人化（依賴自己）等，這些改變產生了許多商機。

各國政府為因應疫情，暴露出了醫療、科技與社會安全不足的風險，社會安全體制的設計將因此大幅改變。民眾對政府的期待及依賴增加，而政府努力在國境內或區域內自給

自足的作為，將影響全球醫療用品、科技設備的供應鏈，同時會影響其他領域的投資。

遠距醫療、遠距互動（開會等）、遠距交易（金融、商品、食物等）將更盛行，雲端、物聯網、自動化、風險預測及管理等也將愈來愈重要。再加上 5G、AI、電動車、新能源、高速運算、自動化、醫學等科技的持續進步，以及傳統領域（文學、藝術、出版、傳播等）與科技結合後的各種商機。未來將是一個有無限機會的世界，但同時也會因美中戰爭而充滿風險。

在這種環境下，你的企業經營策略、生涯發展策略，甚至個人投資方向應該是什麼？當你讀完以下的章節後，將會浮現出一個清楚的輪廓。

第二章

剛開始的戰爭

　　即便 COVID-19 疫情持續肆虐，中美戰爭卻愈演愈烈。2020 年美國川普總統並未因疫情而暫緩打擊中國。2021 年拜登上任之後，延續川普的打法，例如要中國的三大電信公司在紐約下市，甚且不停加碼，擴大對中國企業制裁的黑名單。2021 年 3 月，美國將華為列為可能威脅國家安全的企業，同

時增加對華為 5G 產品的禁售；6 月更將投資禁令範圍擴大至包括華為和中國三大電信公司等；迄 7 月共計 73 家與中國軍方或監控行業有連繫的公司被列入黑名單。拜登上任後，除了應對疫情，外事要務即是聯合盟邦共同對付中國，在這方面已經有些許成果，例如歐盟已經決定暫停批准與中國的投資協議。

川普的前任，歐巴馬總統曾說，他在 2009 年上任時就想打擊中國，但是當時全球金融危機方興未艾，他擔心打擊中國會造成全球經濟雪上加霜，陷入長期衰退。歐巴馬任內，全球經濟復甦緩慢，美國的盟邦自從金融危機後，經濟表現乏善可陳。

川普上任時，全球經濟仍是有氣無力，但川普卻在 2018 年，歐巴馬卸任一年多時，毅然決然開始對中國發動攻勢。川普不考慮美中戰爭對美國與全球的影響，在疫情比全球金融危機可能對全球經濟造成更大打擊時，對中國愈打愈凶；而且接下來的拜登打中國的手段與川普相比更是不遑多讓，這是為什麼呢？

美國想要的中國

　　事實上，美國學界與政界早就長期思考中國的哪一種發展趨勢符合美國利益。當中一項是中國分裂成許多國家；[1] 或者是中國成為像西方的民主國家 —— 也就是中國在經濟發展後，會像二戰後的西班牙、法國、日本等國家一樣民主化。[2]

　　習近平在 2013 年 3 月上任時，中國的經濟成長率正從兩位數下降至 7% 左右。之前連續三十幾年高成長的代價是社會風氣的敗壞及政府官員貪腐的現象大幅增加。色情與風化活動是交際應酬的常態，陸商的消費水準令台商瞠目結舌，難望其項背，一瓶茅台動輒 5,000 元人民幣。2017 年播出的陸劇《人民的名義》生動描繪官員貪汙的惡狀及天文數字，創下收視率紀錄，觀眾看到的當然只是冰山的一角。

　　習近平上任後積極打貪，三不五時就有高官落馬，很有警示作用。貪汙是共犯集團，像束在一起的粽子，當高官普遍貪腐，中級及基層的共犯程度可想而知。習近平初上任時，中國基本上是潰亂的格局。歷史上沒有一個政權可以如此貪腐還能延續，不需要美國出手，中國自己就會敗亡。但是習

近平打貪五年之後，成效卓著，聲色場所大為收斂，官員宴客規格按照政府規範，基本上晚上 8 點即結束晚宴及送客。而習近平在 2017 年前即已牢牢掌握政治及軍事權力，中國會崩潰的機率已大為降低，美國的第一個希望落空了。

2018 年 3 月，中國全國人民代表大會通過憲法修正案，取消國家主席任期的限制，使美國的第二個希望也落空了。美國長期在全世界倡議民主制度，相信民主國家會比較尊重百姓的意願及自由，比較自制而不會發動戰爭，即使與其他國家發生衝突，民主國家間的爭議也較易經由協商解

---

1. 例如：美籍華人章家敦 2001 年所發表的著作《中國即將崩潰》（*The Coming Collapse of China*，中文版於 2002 年由雅言文化出版），預言中國在未來五至十年間必將崩潰，分裂成七個國家。

2. Rana Mitter and Elsbeth Johnson, "What the West Gets Wrong about China", *Harvard Business Review*, May-June 2021, https://hbr.org/2021/05/what-the-west-gets-wrong-about-china.（中文版可見《哈佛商業評論》2021 年 5 月號。）

決。[3]二戰後民主制度的發展卻讓美國有些尷尬，許多民主國家的經濟發展不如極權國家，例如印度、巴西、墨西哥、南非等。當中國高速發展，每人平均所得水準逐漸擠進已開發國家之林，川普2018年說中國應被認定為已開發國家，似乎已承認一個非民主國家在經濟上有挑戰美國的可能性。中國說不定將來可以超越美國，這個趨勢對美國所倡議的民主將有負面影響。

2018年上半年美國掀起中美貿易戰時，有14億人口的中國看似大國，但總經濟產出只有美國的67%，個人國民所得則是美國的16%，當時中國政府承認仍有1,600萬人口一天花費低於1.1美元。2017年，美國非營利組織「博根計畫」（The Borgen Project）報導，中國大陸有5.5億人口一天生活費低於5.5美元。美國只有3億人口，但是生產力遠大於中國。美國人遠比中國人富裕，2019年美國政府仍然提供中國大陸340萬美元援助（給台灣是零元），一個強大富有的美國為什麼要在中國還是很窮的時候打貿易戰呢？

美國人生活舒適，城鄉差距小，無論住哪裡都有讓開發中國家人民羨慕的生活水準；中國大陸就不同了，城鄉差距

有如天壤之別，上海比台灣繁華，西安鄉下卻遠比台灣鄉下困苦。美國人到中國鄉下看到中國人的貧困環境都難以置信，願意伸出援手。可是中美貿易戰打下去，會讓許多窮苦的中國人民生活更苦。

美國人極富同情心，儘管政府對於如何阻止大量想要經由墨西哥進入美國的中南美洲非法移民潮煩惱萬分，仍有許多美國民眾及政治人物對他們寄予同情。2019 年媒體大肆報導一對薩爾瓦多父女渡河要進入美國而溺斃的新聞，並刊登這對父女溺斃的照片，激起許多美國人的同情。

美國人當然知道中國人的生活條件差很多，可是當政治領導人與媒體不斷強調中國是美國最大的威脅時，情況就不

---

3. Jeff smith, "In an Age of China Rising, Has U.S. Democracy Promotion Lost Its Edge as a Foreign Policy Goal?", *The heritage foundation*, Apr 20, 2021, https://www.heritage.org/asia/commentary/age-china-rising-has-us-democracy-promotion-lost-its-edge-foreign-policy-goal.

一樣了。依據 Google 的網路搜尋次數顯示，自從 2018 年川普總統上任後，美國人以關鍵字「US and China」搜尋的次數明顯增加了。[4]

　　一般人在自身安全或利益不受影響時會同情甚至幫助別人，但是覺得弱者開始對自己有威脅時就會積極保護自己。企業間的競爭現實就反映這種狀況。當一家小公司對一家大公司不存在威脅時，大公司甚至願意幫助小公司一起成長，小公司可以是大公司的客戶、供應商，也可以是大公司的競爭兼合作夥伴。就像信義計畫區百貨公司林立，各式各樣、南風北味、異國風情、價格多元的餐飲是最主要的生意訴求，許多餐廳形成聚落，從地下美食街到頂級食府應有盡有。顧客因為這種多元有趣的選擇也群聚到這個區域，形成一個豐富的美食環境，新百貨公司不但沒有因競爭激烈而裹足不前，反而百花齊放。

　　當客源眾多而大家都可獲利時，每個業者都滿意於自己的現狀，形成一個共榮的狀態。但如果有一個本來不甚起眼的小餐廳突然開始擴張，吸引許多客戶，影響了其他餐廳的生意，就算這間小餐廳的生意仍不如大餐廳，最受影響的大

餐廳也會開始猛打該小餐廳，這時其他餐廳也會受到影響，而變成連帶受害者。競爭是瞬息萬變的，企業必須掌握競爭主動權。美國非常理解，主動掌握局勢，遠比被動接受別人改變競爭態勢來得有利。

不容忽視的後起之秀

所以美國各界異口同聲以「中國是美國的威脅」來強調必須對付中國，掌握與中國競爭的主導權，才可能維持美國的霸權。美國參議院外交委員會通過的《2021 戰略競爭法》（Strategic Competition Act of 2021）草案中，描述在社會與

---

4. https://trends.google.com/trends/explore?date=all&geo=US&q=us%20and%20china.

政治秩序、經濟成長、全球常規及軍事等方面，中國是現在與未來對美國、友邦、全球利益的最大威脅；又說中國是冷酷的侵略者，目的在極盡所能地破壞民主及其他國家。

川普就任美國總統一年後，中國對美國的威脅更為明顯，在貿易、經濟實力、軍事、地緣政治等方面都讓美國難以容忍。1997 年至 2017 年的二十年間，世界貿易量成長 3 倍，中國的對美貿易逆差劇增，2017 年美國對中貿易逆差超過 3,750 億美元；中國外匯存底成長 22 倍，2017 年達 3 兆 1,399 億美元；中國的人均所得與 GDP 快速上升，GDP 成長 12 倍，從占世界的 3% 升至 15%，美國的 GDP 世界占有率卻從 27.4% 下降至 24%。

美國的對外直接投資金額在 2017 年仍高達 4,244 億美元，但中國的對外直接投資金額在同年已達 1,019 億美元，二十年間增加了 55 倍。美國的對外投資組合在 2018 年有 292 億美元，同年，中國達 43.7 億美元規模。中國人不斷儲蓄，儲蓄率超過 40%；美國人不停消費與投資，儲蓄率低於 8%。中國開始累積財富，美國卻盡情消費，維持高生活水準。

川普說美國對中共的巨額貿易逆差，造成了美國人失去

工作機會。他在選總統前就已經預告會採取行動，因此雙邊貿易是否公平或有人為操縱，成為美國打擊中國的第一個理由。美國認為自己是最自由貿易的國家，中國卻是世界貿易量擴張的最大受益者。而中國也利用了許多不正當手段來促進經濟成長，例如：不尊重智慧財產權；剽竊與複製外國科技；強制在中國經營的外商移轉技術；補貼國有企業，妨礙競爭；限制外商的經營範圍與股權；利用各種有形、無形方法促進出口、抑制進口；操縱人民幣匯率。所以川普說中國不應再以開發中國家的身分被對待，美國也拒絕承認中國是市場經濟國家。

貿易爭端很快就證明了這只是美中鬥爭的一小部分，與美國國家利益及安全有關的地緣政治因素才是重點。例如：美國逮捕中國國家安全部高官徐燕軍，指控其企圖竊取美國航太公司商業機密；美國指控中國利用科技與各種管道影響美國國內政治，破壞國家安全，像是中國利用在中國製造或組裝的硬體竊取美國政府或企業機密，美國政府因此要求政府機構不得採用中國硬體；彭博也有中國製造的伺服器內有間諜晶片的類似報導。

為制衡中國在南海頻頻以島礁造島，美國警告中國，美軍會不畏解放軍騷擾，持續在南海自由航行。從此美國軍艦與軍機頻頻出入南海，曾發生軍艦近距離差點衝撞的事件。而且美艦開始例行通過台灣海峽；同時美國聲稱中國為非締約國之一，因此美國退出《美蘇中程核武條約》，讓五角大廈有新選項對抗中國的飛彈擴張；美國甚至指控中共干預美國期中選舉。

　　為了增加中國的壓力，台灣已成為美國的地緣政治籌碼。川普開始大幅加強與台灣的關係，除了讚揚台灣的民主成就高、民主是比較好的制度，亦不再限制美國與台灣官員往來，台灣官員可以進入美國官署。同時，他譴責中共遊說三個拉丁美洲國家與台灣斷交、威脅台灣海峽穩定，並大幅提高對台軍售的量與質。美國也批評中共藉「一帶一路」利用債務外交擴大影響力，因此在《美墨加協議》中規定，若美、墨、加任何一方與「非市場經濟國家」達成貿易協議，其他兩國任一個都可以廢除協議。

　　川普的競選口號是「讓美國再次偉大」（Make America Great Again），這句話代表了當時美國人的心聲。英文「great」

的意思有「大」、「多」、「好」、「棒」、「傑出」、「重要」、「了不起」的意思，經常與權力、地位有關，既然川普提出要讓美國再次偉大，顯然覺得美國已經不偉大了。

而川普要「讓美國再次偉大」的最核心策略是「美國第一」（America First），川普在任內採取各種行動，想達到「美國第一」的目標。川普最關心的三個「第一」是工作機會、貿易（交易）條件（對中國的貿易赤字剝奪了美國人的工作機會），與國家安全。這三項都與中國的崛起息息相關。剛好他遇到的對手是習近平，習近平也要讓中國再次偉大，他有「偉大中國夢」，要「中華民族偉大復興」，達到中國軍事強大、經濟強大、文化強大。

習近平的主要策略手段是「中國製造2025」、「一帶一路」與「全面脫貧」。「中國製造2025」要達成中國科技自主，「一帶一路」要掌握關鍵資源，而「全面脫貧」要撐起內需經濟。「中國製造2025」的主要行動方案包含重點投資關鍵科技領域的公、民營企業，以及從國外導入新科技、加強智慧財產權（知識產權）保護、重視大學國際競爭力的提升、大量派送人才至海外學習。

「一帶一路」的主要行動方案包含與沿線國家合作陸、海運交通基礎建設，以投資或貸款方式達成，希望通暢資源及貿易管道。脫貧對中國經濟尤其重要，只有百姓的經濟力量全面提升，社會才會安定，消費才會均衡成長，也有助於中國共產黨的執政。

　　習近平的言詞與行動不斷強調偉大的中國夢與民族的偉大復興，川普打擊中國的重點就是習近平強調的「中國製造2025」與「一帶一路」。中共在川普卸任前的幾個月基本上是以「色厲內荏」的方式回應川普連續與密集的攻擊，例如川普要中國企業（三家主要中國電信公司）在美國下市、美國人不能使用抖音或微信、把中國主要科技公司列入黑名單，使用美國設備或軟體的全球企業不能賣產品給黑名單公司；而中國是以言詞威脅回擊，並沒有採取等比例的反擊行動，主要原因之一應該是期望川普第二任時或者是新政府上台後會改弦易轍，改變打擊中國的做法。

　　拜登上任後強化打擊中國的力道，不但沒有放鬆川普的政策，反而加大打擊中國科技公司的力道。中國因此判定美國的對中政策具有長期延續性，以後將按自己的實力與美國

鬥爭。楊潔篪在 2021 年 3 月 19 日與美國國務卿布林肯（Antony John Blinken）會談時，說「美國沒有資格居高臨下同中國說話」、「中國人不吃這一套」、「你們沒有資格在中國的面前說，你們從實力的地位出發同中國談話」、「不是美國說了算」、「難道我們吃洋人的苦頭還少嗎」，表達的是中國已經不是昔日的吳下阿蒙，不會再接受美國的「無理打壓」，[5] 中國將在實力基礎上與美國競爭。

中國的底氣是中國的軍事已屬世界列強之一；中國是除了美國之外唯一能登陸火星的第二個國家；中國已有 1 億人口的購買力，與台灣相當；中國是世界第二大經濟體；中國文化擁有世界影響力；百姓迫切想要改善生活水準，有強烈的競爭動機；中國的人力素質正快速提升；中國人的民族自尊日益強烈。

---

5. 不再接受美國對中國的「無理打壓」是中國外長王毅在同一會議中的發言，請參見：https://www.bbc.com/zhongwen/trad/world-56456963。

如果中國要以實力同美國競爭，就必須不斷增強實力。中國的「十四五規劃」追求中國科技自主，在認知美國已決心在科技方面與中國脫鉤（包括不再讓中國獲得美國高科技技術與關鍵零件及軟體、不允許中國專家〔含學生〕參與美國敏感科技計畫），全力抑制中國的科技進步後，中美的競爭關係只會更白熱化。

　　拜登已表示不會再讓中國吃美國的午餐（eat our lunch），中美關係將是未來十年內，美國最大的對外衝突焦點。接下來本書將說明，中美將主導未來全球經濟數十年，中美戰爭將形塑未來的世界，當中會充滿風險與機會。

第三章
中美將共同決定未來的世界

　　儘管美國仍然是世界的獨強與霸權，而且中國的整體國力仍然落後美國很多，但是中國在鄧小平改革開放後，以四十年時間迅速縮短差距，超過 14 億的人口（是美國的 4 倍以上）與經濟的高成長力（成長率仍為美國的 2 至 3 倍），中國已成為美國的心腹大患。從 20 世紀初開始，美國已經主宰世界

經、貿、政治事務近百年,短時間內必然無法接受與中國平起平坐,共同決定全球事務。

美國尚無法具象評估中國未來的經濟與政治相貌將如何影響美國的地位:如果中國維持為一個人口大國,但是經濟相對弱勢,對美國有利;如果中國成為經濟強國,但維持共產黨專政,美國無法掌握一個專權經濟強國對全球地緣政治的衝擊;如果中國變成一個民主國家,但是取代美國成為世界霸權,美國又將如何自處?

其實中國已經與美國一起主宰世界經濟了

面對中國的崛起,美國必然是不自在的。美國強打中國是否能讓中國分裂,或者成功抑制中國的成長,雖屬未定之數,但是根據客觀的事實,我們可以判斷,未來數年內美國與中國不僅將是種激烈競爭的形式,而且兩國將共同決定世界的經濟與地緣政治。

2020 年,美國與中國占全球產出的 42%;美國與中國是

全球人口大國，占世界總人口數的 23%；美國是消費與貿易大國，消費占經濟產出的 67%，總貿易量占全球 30%，與全球的貿易淨赤字是 6,787 億美元，當中 3,108 億是對中國的赤字；中國的貿易順差是 5,350 億美元，總貿易量占全球 25%；美國的赤字是其他國家的成長動能，而中國的順差代表中國在全世界的供應鏈及產品提供方面居關鍵地位。兩國算是最先於 COVID-19 疫情中復甦的主要國家，凸顯了兩國的經濟實力。

其他國家就沒有中、美兩國的影響力了。印度雖是人口大國，但經濟影響力仍小，經濟規模尚低於中國的五分之一。1990 年代初期，印度和中國的國民所得相當，但 2020 年時印度（1,877 美元）卻只有中國（10,582 美元）的 18% 了。這次 COVID-19 疫情讓印度受創極深，[1] 再次暴露了政府治理能力的不足，以及社會基礎建設的薄弱。

聯合國在 2021 年 5 月初估計印度於 2021 年將成長 7.5%，還是略低於中國的成長。社會階級僵化也影響了印度人民潛力的發揮，印度還需要起碼數十年的時間才能質變。印度憲法不允許種姓制度，而且在都市中不同階級間的通婚已經開始

增加：低階級者可以擔任政治領導人，例如莫迪總理（Narendra Modi）是屬於低層的落後階級（other backward caste）；公立大學的入學人數保留 50% 給低階學生等等。然而種姓制度深植人心，社會階層的垂直流動困難，已造成不同階級間的利益衝突，更造成激烈的政治鬥爭，因此印度需要一段頗長的時間才能進入一個多元、互重、機會均等的社會。

其他開發中國家、新興國家或者低度開發國家，將維持較低的全球影響力。它們的共同特徵是政府效能不足，即使是民主國家亦如此，貪汙與腐敗盛行，不因政權更迭而改善；司法是有權有錢者的工具，不但不是國家進步的基礎，反而是絆腳石；各級教育落後，無法培育現代社會所需的人才；貨幣與財政政策長期缺乏紀律，通貨膨脹經常失控，政府債務纏身；社會資源短缺，國家的典章制度及環境無法孕育好

---

1. 電視上，病人凌亂地躺臥於印度街頭、臨時焚化處所屍體四散等待焚化的畫面，令人觸目驚心與鼻酸。

的商業機會，資金流出、人才出走、貧富差距情況惡劣。

以阿根廷為例，[2] 一百年前它是全球最富有的國家之一，現在人口將近 4,500 萬，2020 年的國民所得是 8,854 美元。一百年來，它的年通貨膨脹率是 105%，替換過 5 次貨幣；經年累月高外債（現在欠國際貨幣基金組織 4,500 億美元，已經有 5 次還不出外債的紀錄）；40% 民眾生活在貧窮線下。1976 年至 1983 年間，阿根廷受軍事強人獨裁統治，之後恢復民主。以實質購買力觀之，它今天的國民所得只與 1974 年相當，而貧富差距更甚當時。

其他主要國家長期經濟低成長，愈來愈乏善可陳。以歐元區為例，過去二十年失業率從未低於 7%，經常高於 10%，現在是 8% 左右。高失業率代表經濟體的內部需求不足、出口（外部需求）不夠，或者是經濟體缺乏創新，廠商雇用員工的意願低，這些因素互為因果。歐元區的整體經濟發展程度在世界上算是高度發展區域，政府的典章制度完整，司法受到人民信任，教育水準高，文化程度與人民的生活水準高，人民願意接受高稅率，換取政府的福利支出與公共基礎建設的提供與維護，同時希望在法治方面保護勞工、弱勢，並要求企

業重視環境、社會、治理（Environment, Social, Government, ESG）問題；但是嚴格的法規限制了老百姓及企業的行為，降低了經濟活動的效率性與誘因。

例如在法國，企業解聘員工非常困難，雇主在聘雇新員工前會一再三思，以不聘為原則，不然就以短聘或臨時員工方式聘任。德國的經濟狀況在歐洲是最突出的，年輕族群失業率只有 5.42%（法國的年輕族群失業率高達 19.5%，整個歐元區是 17.8%）。德國所有的大學制度、經費及品質整齊，念大學基本上免費，但是缺乏傲視全球的學府，不像美國有哈佛及麻省理工學院（MIT）等世界頂尖大學。

挪威的電動車市占率在 2020 年是 74.4%，為全球之冠。在挪威，買電動車可以免消費稅及貨物稅，可以免費停車，甚至開公車專用道路。挪威的綠電充足，電動車非常有利於

2. Enric González, "Argentina's perpetual crisis", *El País*, March 5, 2021, https://english.elpais.com/usa/2021-03-05/argentinas-perpetual-crisis.html.

環境，但也造成了停車位不足、替代交通工具（例如渡輪）的收入減低、交通擁擠等問題。[3]

　　歐洲對於 ESG 的倡導屬世界最先進，影響力投資或是廣義的 ESG 投資已頗為盛行。資產管理者在執行投票權時，或者平時即會要求被投資公司注意 ESG 議題。歐元區的資產管理金額中已有 45% 與 ESG 有關，金額已達 10 兆歐元；而美國的 ESG 資產管理淨投資金額僅達 510 億美元，尚遠低於歐洲。但是 ESG 相關的主題投資（theme）不一定會比無此限制的投資績效好，畢竟 ESG 議題限制了資產管理者的投資標的選項。[4]

　　與美國比較，歐元區基本上採行社會主義的民主制度，政府為民眾做許多決策，介入百姓的生活及行為，同時以高稅收照顧大家的生活，這是民主選擇的結果，反映了歐洲民眾的價值觀。過去四十年來，美國的所得不平等擴大了，但是歐洲並無此現象。1980 年時，西歐前 1% 最高所得者，其所得約占全體所得的 10%，與美國相當；到了 2016 年，西歐前 1% 最高所得者約占全體所得 12%，和 1980 年時相差不大，但美國卻已升高至 20%。[5] 美國基本上是資本主義的民主制度，重視個人為自己負責的價值觀、政府介入少、稅率比西歐低，雖然所得不平

等較嚴重，但是經濟比歐洲有效率。除了極少數歐洲小國家，[6]
美國的經濟實力強許多。有研究顯示，美國人比較願意接受「所
得不平等」，而歐洲人卻比較會因「所得不平等」而不快樂。[7]

3. https://en.m.wikipedia.org/wiki/Plug-in_electric_vehicles_in_Norway.

4. James Hester, "Can the US Catch Up to Europe on ESG Investing?", Impactivate, April 8, 2021, https://www.theimpactivate.com/can-the-us-catch-up-to-europe-on-esg-investing/.

5. Emily Stewart, "One chart that shows how much worse income inequality is in America than Europe", *Vox*, July 29, 2018, https://www.vox.com/2018/7/29/17627134/income-inequality-chart.

6. 2020 年，盧森堡、愛爾蘭、瑞士、挪威的國民所得皆超過美國，而瑞士的福利支出占 GDP 的比例小於美國，所以瑞士不若一般的歐洲社會主義國家。請參見：https://statisticstimes.com/economy/projected-world-gdp-capita-ranking.php。

7. Alberto Alesina, Rafael Di Tella, and Robert MacCulloch, "Inequality and Happiness: Are Europeans and Americans Different?", https://wcfia.harvard.edu/files/wcfia/files/428_inequality.pdf.

亞洲將因為中國成為未來十年全球經濟的亮點

　　亞洲地區人口數及產出總值，分別占全世界的 60% 及 40%。2020 年 11 月 15 日，在歷經八年、三十一輪談判後，包含中、日、韓、澳、紐和東協十國，共計十五個成員國的《區域全面經濟夥伴協定》（RCEP）終於正式簽署，各國的批准程序多已在 2021 年底完成。RCEP 成員國總人口數高達 22.7 億，GDP 達 26 兆美元，出口總額達 5.2 兆美元，這三項指標均占全球總量約 30% 左右，為目前全球規模最大的自由貿易協定，對於中國未來的經濟發展有極大的助益。

　　亞洲有中國需要的原物料資源，[8] 據估計，[9] 中國的貿易量將因 RCEP 增加 2,480 億美元。中國內需市場具有極大的潛力，將逐漸像美國一樣成為 RCEP 其他成員國的外銷市場：中國將從亞洲國家進口原物料、食物及物美價廉的民生必需品，而自己的供應鏈複雜程度將隨科技進步及消費者的需求精緻化而升級；中國會增加出口附加價值高的產品，例如：先進武器、高科技產品、電動車、名牌精品、影視語音文創產品等。

　　中國將增加對 RCEP 的直接投資，除了掌握資源及供應

鏈，也開發當地市場。由於歐美國家擔心中國經由併購取得先進科技，加上中美戰爭促使它們限制中國的直接投資活動，2016 年至 2019 年，中國對歐美的直接投資降低了 50%，對最大的四個東南亞國家則增加了 50% 的直接投資，總金額已經相當於中國對歐美的直接投資。而中國在 2020 年已成為全球最大的直接投資接受國。[10]

美國與日本等國家，在東南亞持續增加直接投資，金額

8. 亞洲有豐富的自然資源，例如全球煤礦存量有五分之三在亞洲，全球原油及天然氣存量有三分之二在亞洲。請參見：https://www.britannica.com/place/Asia/Mineral-resources。

9. KENTARO IWAMOTO, "RCEP: China to gain as trade pact ripples across post-COVID world", Nikkei Asia, January 5, 2021, https://asia.nikkei.com/Spotlight/Asia-Insight/RCEP-China-to-gain-as-trade-pact-ripples-across-post-COVID-world.

10. David Dollar, "Clear skies over Asia's new foreign investment landscape", East Asia Forum, 2 May 2021. https://www.eastasiaforum.org/2021/05/02/clear-skies-over-asias-new-foreign-investment-landscape/.

一向大過中國，[11] 為抑制中國成長，將來更會加碼投資，因此，東南亞國家將接受許多直接投資，對經濟成長及升級大有助益。由於東南亞國家的教育能量與品質仍不足，無法培育足夠的人才配合直接投資的需求，而中國培育高等人力的能量已大幅增加，2020 年大專畢業生人數是 870 萬，碩士以上畢業生人數是 64 萬。隨著中國企業往亞洲發展，中國人才也有機會去開疆拓土，複製歐美與日本模式，人才配合資金移動，在當地國獲利，也幫助經濟成長。

香港於 2019 年及 2020 年發生反送中抗議事件，後來中國大陸通過了港版國安法，造成了英、美等國對香港官員懲罰，及取消了香港的特殊貿易待遇。香港從此被美國認定等同於中國，不再享有較低的關稅，而且美國企業不再能出口敏感性科技產品到香港。但是，香港的金融中心地位並未受到太大影響。過去一、二年因美國不再歡迎中國企業到美國上市，並要求受中國政府控制的中國企業在紐約下市，許多中國企業選擇在香港初次上市（例如快手）或第二上市（例如阿里巴巴），香港交易所因此在 2021 年第一季獲利創歷史新高，達 4.9 億美元。

香港在可預見的將來，在中國的資本流動尚未完全自由化以前，仍會是許多中國企業的重要籌資通路、外國人投資中國的管道，以及中國居民接觸海外理財商品的市場。除了香港，新加坡的全球金融中心地位穩固，兩者將有助於西方金融機構在亞洲的發展。

　　中國於 2019 年開始，大幅開放外資進入中國市場全資全照經營，造成外資在上海及香港大量招募新血。外資對於中國市場的興趣非常高，花旗銀行 2021 年宣布撤出全球十三個消費金融市場，改在全球四個中心營運消金業務。這四個中心除了阿拉伯聯合大公國及倫敦，就是亞洲的香港及新加坡了。匯豐銀行 2021 年從美國撤出消金業務，將策略重心移轉至亞洲，

---

11. Dr Guanie Lim, "Is China Buying up Southeast Asia? Investment, Infrastructure, and Development", LSE Saw Swee Hock Southeast Asia Centre blog, April 27, 2020, https://lseseac.medium.com/is-china-buying-up-southeast-asia-investment-infrastructure-and-development-3a8cd2b990c1.

並將特別投資 60 億美元於新加坡、香港、中國大陸；投資銀行高盛於 2021 年在中國大陸及香港招聘 400 位以上新人。

因此，亞洲也會因為中國成為資金匯流之地。台灣的經濟成長需要依賴貿易與資本流動，也會因此而受惠。而大中華地區具備了儲蓄率高、通貨膨脹率不是問題的特質，除了較能抵禦經濟衝擊，所具備的潛力及產值，有利於迎接亞洲未來蓬勃發展的長期性新商機。

美國的金髮女孩經濟（Goldilocks Economy）

雖然中國急起直追，美國仍將是影響世界經濟的巨人。

與其他已開發國家相較，美國經濟表現令人羨慕，是最早從 COVID-19 疫情中恢復成長的 OECD 國家。儘管它在 2020 年經濟衰退了 3.5%，2021 年第一季實質經濟成長率為 6.4%，第二季為 6.6%，2021 年整年為 5.9%，2022 年將是 3.7%。[12] 在疫情爆發前，美國的經濟表現非常好，被稱為是「金髮女孩經濟」，當時經濟成長率即比主要已開發國家高，美國、歐元

區、英國、日本在 2019 年的經濟成長率分別是 2.16%、1.29%、0.65%、1.46%。

從 1960 年代開始，這些美國主要盟友的經濟表現即每況愈下。美國過去十年的成長率也比以前要低，但是下降的趨勢不若盟友明顯。1961 年至 2019 年間，美國、歐元區、英國、日本的經濟成長率分別有 15 次、19 次、22 次、17 次低於 2%，而各有 30 次、24 次、29 次、21 次高於 3%。日本傾頹的趨勢最為明顯，幾乎所有高於 3% 的成長率都發生於 1991 年以前。[13] 美國盟友的退步造成了美國國民所得愈來愈一枝獨秀，主要盟友的國民所得現在都只有美國的三分之二左右。

美國的失業率於 1991 年至 2019 年間呈下降趨勢，從 6.8% 降至 3.68%；反之，歐元區卻呈現上升趨勢，從 4.76%

---

12. "The Conference Board Economic Forecast for the US Economy", May 7, 2021. https://www.conference-board.org/research/us-forecast.

13. https://www.macrotrends.net/countries/JPN/japan/gdp-growth-rate.

升至 5.4%。英國失業率雖也下降，但一向高於美國，從 8.5% 降至 3.85%。日本失業率算是最低的，1991 年只有 2.1%，到了 2019 年反而升至 2.29%。不過日本 1991 年與 2019 年的經濟成長率分別為 3.42% 及 0.65%，經濟成長率低了許多，失業率卻升高了。綜觀之，美國的失業率趨勢也是令盟友羨慕的。

經濟成長率高，失業率低，如果也能伴隨溫和通貨膨脹的話就太棒了──這就是美國的狀況。1980 年代以後美國的通貨膨脹率即呈現下降趨勢，1990 年以後從未高於 4%，過去十年大致維持在 2% 上下，算是美國中央銀行喜歡的物價上漲率──物價有一些上漲，但是又不頂高。歐盟的通膨也呈現下降趨勢，但是 2009 年之後只有兩年超過 2%，通貨膨脹太低代表經濟體的內部與外部需求低，對經濟成長及失業率不利。英國的通膨狀況近似美國，但日本的狀況就不好了，1994 年以後經常處於通貨緊縮（物價下跌）的狀態，經濟缺乏活力。

薪資成長是經濟活力的重要支撐，合理的成長可以增加勞工的消費能力，促進經濟成長。圖 5 及圖 6（請見本書第

7 頁及第 8 頁）顯示主要已開發經濟體 1996 年至 2020 年、
2007 年至 2020 年的實質薪資累積成長率的變化。[14] 在圖 5 中
可以看出英國自 1996 年起的實質薪資累積成長表現最好，其
次為美國。但集中觀察金融危機開始前後迄今的變化，不難
發現 2008 年全球金融危機後德國的實質薪資累積成長率表現
最好，而美國次之。由此可知，美國在面對重大事件時仍有
強大及良好的體質可以維持穩定。英國及日本則有近十年的
時間處於實質薪資累積負成長的情況，日本尤然。自 1974 年
以後，日本薪資成長率每況愈下，[15] 到了 1998 年，薪資負成
長成為常態，幾乎每兩年就發生一次，造成日本民眾的國民
所得停滯。而法國極少發生負薪資成長，但與其他國家相較，
卻經歷了長期低薪資成長率的狀況。

---

14. 實質薪資累積成長率乃以當年度名目薪資成長率扣除通貨膨脹率，並透
　　過逐年累加的方式而得。

15. https://fred.stlouisfed.org/graph/?id=LCEAMN01JPA659S.

股市可以被視為一個國家經濟實力的整體呈現，美國股市一枝獨秀，一路長紅，羨煞了盟國。過去二十年美國股市漲了 3 倍，德國與日本漲了 2 倍，[16] 法國與英國股市基本上原地踏步，美國人的財富因此增加很多，非盟國能望其項背。尤其美國的經濟體比這些國家大數倍，財富累積的數量與速度是非常驚人的。

美國與盟友的共同風險因子是過去幾十年來利率每況愈下，沒有扭轉的傾向。長期利率低，代表市場資金太多，企業投資的需求及民眾消費的意願不足以消化資金。即便如此，過去二十年美國的十年期公債利率從未是負值，而且一般比盟友高，過去幾年德國、法國，尤其是日本，經常是負利率的狀態，情況尤其嚴重。美國失業率低、股市旺、通貨膨脹溫和、薪資溫和成長，即使長期利率低，仍比西方盟邦強，這種經濟狀況被稱為「金髮女孩經濟」。

要不是因為川普總統對 COVID-19 處理不當，以美國的國力，當不致有 70 萬人喪生、4,400 萬人感染。川普沒有強調個人防護措施，包括戴口罩、避免群聚，也沒有全面篩檢並隔離感染者。他重視經濟的正常運作，以及公民的自由選擇

意志，不願採取嚴格的封城與隔離措施。但是他大力投資疫苗的研發，確保疫苗的供給，美國的疫苗契約量總共超過 10 億劑，遠超過自己所需。

拜登總統上任後的第一個 1.9 兆美元紓困方案中，包含了 1,600 億防疫相關支出，加速了疫苗的施打。2021 年 9 月，美國有 56% 的民眾完成疫苗接種，美國有 3.3 億人口，幅員遼闊，領土面積比中國還略大一些，能在如此短時間獲此成績實屬不易，需要非常高級的規劃、組織、後勤執行能力。要不是有 30% 以上美國民眾堅持拒打疫苗，美國應已達到群體免疫。中國在 9 月底已有將近 80% 人口完全接種，美國的歐美盟國則在 2021 年年底前達到此境界。

美國研發疫苗所採用的新科技，以及接種的速度，再次證明國力強大，美國為何能長期表現得這麼好？隨著疫情舒

---

16. 日本股市曾於 1990 年大崩盤，歐美股市並無此經驗，所以日本股市即使過去二十年漲了 2 倍，以較長遠的歷史觀之，並不能算是好表現。

緩，美國經濟正快速復甦，但仍須擔憂的是，將來是否能維持獨強？這兩個問題非常重要，將嚴重影響未來的世界。基本上，在可預見的將來，美國仍將是個超級強國，不過隨著中國崛起，將漸漸無法獨領風騷。這個趨勢是我們下一章的討論重點。

中國的鳳凰經濟（Chinese Phoenix Economy）

鳳凰是中國神話裡的吉祥鳥，最初雄鳥為鳳，雌鳥為凰，逐漸成為中國皇權的象徵，常和龍一起使用，用於皇后嬪妃的服飾及穿戴首飾上。後來「雄鳳雌凰」的說法式微，鳳凰被整體雌化。[17]鳳凰的英文翻譯是「Chinese Phoenix」，在西方社會裡，Phoenix（鳳凰）是種長生不死鳥。傳說中，鳳凰在死之前會跳進火堆中燒成灰燼，再從灰燼中躍起重生，西方人喜歡鳳凰「在逆境中重新站起」的現代寓意。[18]中國的經濟與社會發展就像西方的鳳凰，盛極而衰再重新興盛，循環不息，造成了全球唯一數千年無所間斷的文化與文明傳承。

中國的盛世有如漢武帝時期——漢朝當時可能是世界上最強大的國家，堪與比擬的只有西方的羅馬帝國。[19] 漢朝時人口大幅增長，達 5,000 萬人；都市化程度高，長安與洛陽是世界上最大的都市之一，東漢時洛陽人口達 50 萬；產業與貿易興盛，絲路的開拓讓漢人與前所未知的西域人貿易。麥迪森（Angus Maddison）估計，漢朝的國民所得若以 1990 年的物價為基礎，達 450 美元，李約瑟（Joseph Needham）認為比當時的羅馬帝國高許多。

中國最近一次的大衰敗期開始於 19 世紀初。清王朝在清仁宗嘉慶皇帝時期由盛轉衰，歷史學家稱這時期為「嘉道中衰」，白蓮教、天理教等農民起義紛紛爆發，西方殖民主義開始滲入。[20] 一直到兩百多年後的 21 世紀初期，中國才再一

---

17. https://zh.wikipedia.org/wiki/ 鳳凰 .

18. https://en.wikipedia.org/wiki/Phoenix_(mythology).

19. https://en.wikipedia.org/wiki/Economy_of_the_Han_dynasty.

20. https://zh.wikipedia.org/wiki/ 嘉慶 .

次開始頭角崢嶸。

　　歷史上，中國因人口眾多，[21] 土地遼闊，一向是世界上的大國。在戰國時期中國就有 4,400 萬人口，占世界總人口數的 27%；南宋時期的人口是 1.4 億，占世界總人口數的 39%，是中國人口相對於世界最多的時期；之後隨著中國的經濟實力下降，這個比率也相對下降，現在只占世界的 17%。今天，中國的經濟影響力與人口相當，經濟規模占世界的 17%。歷史上，它的影響力時好時壞，[22] 南宋時（1200 年）的經濟規模占世界的 30% 左右；[23] 明朝初期時（1400 年）人口占世界的 23%，經濟產出是世界的 30%。

　　相較於歐洲，中國人的生活水準在漢唐時較高，南宋時國民所得仍是英國的 1.42 倍，以後每況愈下，到了明朝初期剩下 88%，文化大革命時期只有 7%，現今則回升至 27%。與英國相比，南宋以後中國的生活水準逐步下滑，但歐美快速與中國拉開距離，是發生在 18 世紀中期第一次工業革命開始之後。1700 年，美國國民所得與中國相當，到了 19 世紀中葉已是中國的 3 倍，現在則是中國的 6 倍以上。

　　相較於歐洲，中國人民的生活水準在改革開放以後才開

始大幅改善，經濟體對世界的影響力也相對大幅提升。中
國的經濟實力相較於西方，顯得快速下降，可能與中國的科
技發明在宋朝以後就不突出有關。中國膾炙人口的發明有造
紙、指南針、火藥、印刷術，最後一項由畢昇發明出來的印
刷術在 11 世紀就出現了。李約瑟列出 26 項對歐洲有重大影
響的中國發明，[24] 這些發明在清代（17 世紀）以前就發生了，
歐洲人在這些發明上青出於藍，以商業手段研發科技及開發
資源。

21. https://en.wikipedia.org/wiki/Population_history_of_China.

22. Elena Holodny, "The rise, fall, and comeback of the Chinese economy over the past 800 years", Business Insider, January 9, 2017, https://www.businessinsider.com/history-of-chinese-economy-1200-2017-2017-1.

23. Jeff Desjardins, "2,000 Years of Economic History in One", Visual Capitalist, September 8, 2017, Charthttps://www.visualcapitalist.com/2000-years-economic-history-one-chart/.

24. Joseph Needham, January 1956, *Science and Civilization in China*, Cambridge University Press.

在中國人的傳統觀念裡，商人是社會中最低下的階級。士農工商一詞最早出現於春秋時代的《管子》。歷代以來，讀書人地位最高，他們寫文章動筆墨；工匠排第三，促進商業活動振興經濟的商人排最後。商業活動不受重視，不易讓技術發明者獲得利益，降低了發明動機。

　　智慧財產權的保護於 17 世紀開始在英國萌芽，[25] 是世界相關立法的開始。1883 年，《巴黎公約》（Paris Convention）達成了第一個國際保護智慧財產權的協議；[26]1867 年，智慧財產權的觀念隨明治維新進入日本；[27] 而中國開始認真地研究與制定知識產權（即智慧財產權）相關法律是在改革開放，開始與西方接軌，進入國際市場後。[28]1980 年 6 月，中國進入世界智慧財產權組織（World Intellectual Property Organization），1983 年 3 月頒布《中華人民共和國商標法》（The Trademark Law of the People's Republic of China），這是後來陸續頒布的各項智慧財產權法律的起點。

　　改革開放後，中國人開始可以不遮掩地表示喜歡賺錢，不僅如此，從事各種商業活動賺錢反而能得到別人的尊敬。當政府也明確鼓勵賺錢時，士農工商的觀念有了顛覆性的改

變，例如女孩子找對象的標準改變了，「高富帥」成了最重要的標準。百度把高富帥定義為：「高富帥多指那些帥氣的男生，身高一米八以上，年收入 20 萬人民幣，他們有一輛 20 萬以上的車，和一套住房。」[29]

改革開放基本上把中國人從傳統封建思想與共產主義的制約中解放了出來，財富變成了社會階級的新象徵，大家可以理直氣壯地追求；農人放棄了傳統的經濟依恃，捨務農而往城市發展；工人像西方社會一樣，變成了資本家商業活動的「投入」（input）。1980 年中國只有 2 億人口住在都會區，2018 年已有 8 億人，等於 59% 的總人口住在都會區，[30] 而且

---

25. https://en.wikipedia.org/wiki/Intellectual_property.

26. https://txpatentattorney.com/blog/the-history-of-intellectual-property/.

27. https://en.wikipedia.org/wiki/Japanese_patent_law.

28. http://www.china-un.ch/eng/bjzl/t176937.htm.

29. https://baike.baidu.com/item/ 高富帥 /5487667.

30. Chris Hamnett, "Is Chinese urbanisation unique?" First Published January 13, 2020. https://journals.sagepub.com/doi/abs/10.1177/0042098019890810.

這個趨勢仍在持續中，中國的目標是到 2035 年將城鎮化提升至 75%。[31]

商業活動的興起，配合保護智慧財產權的持續增溫，讓中國的經濟以前所未有的速度發展，經濟規模由 1980 年占世界的 2.7%（當時中國人口占世界的 22%），快速上升至 2020 年的 18%。[32] 一個數千年文明古國，曾有輝煌歷史，但過去八百年一直走下坡，晚清時受到列強壓迫割地賠款的屈辱；革命後進入中華民國的共和政體，卻經歷了二十幾年不間斷的北伐與剿匪內戰；接著八年對日抗戰；緊跟著國共內戰，國民政府退守台灣；中華人民共和國於 1949 年成立，成立後又歷經文化大革命等各種政治運動的動亂，中國經濟的世界地位持續下探，到了改革開放才開始質與量的轉型。

一個在廢墟中產生新經濟能量的五千年古老中國，與一個仍舊充滿活力、只有二百四十五年歷史的年輕美國激烈競爭，結果將鹿死誰手？後續即將分曉。

31. 賈珅，〈新時代推動城鎮化高質量發展的著力點〉，《經濟日報》，2020
年 09 月 11 日，轉引自中國共產黨新聞網－人民網，請見：http://theory.
people.com.cn/BIG5/n1/2020/0911/c40531-31857452.html。

32. 作者自行計算，美元資料來源：IMF, World Economic Outlook (October
2020), https://www.imf.org/external/datamapper/NGDPD@WEO/OEMDC/
ADVEC/WEOWORLD?year=2020.

第四章

美國，歷久不衰的翹楚

　　美國的強大其來有自，將因此持續強大很多年。美國是一個制度完整且大家尊重制度與慣例的國家，其政體是歷經二百一十五年、受過嚴厲檢驗（例如 1861 年至 1865 年間的內戰）的民主政體。

　　華盛頓總統在 1795 年的離職演說中宣示自己不再爭取連任第三任總統，奠立了一個長治久安的慣例。儘管當時美國

憲法並未規定總統任期，但是華盛頓之後有些總統想連任三次都無法如願。一直到二戰時期小羅斯福總統連任四屆之後，才有《美國憲法第 22 條修正案》，限制總統任期為兩屆。

　　美國立國初期多數政治領導人尊重慣例，為國家建立了堅實的根基，尊重慣例漸漸形成文化，成為美國社會的重要價值觀及法律執行的基礎。

　　華盛頓總統的離職演說，樹立了一個民主制度的典範。國家的偉大不在於總統，而在於能夠讓國家愈淬愈厲的制度，以及尊重制度與慣例的精神。政治領導人包含總統與民意代表的重要功能是讓國家的制度愈來愈好，而非凸顯非我不能的地位。美國完善的制度是可以持續強大的重要因素之一。

制度完善，尊重慣例

　　美國民主制度的堅實可從川普總統在 2021 年 1 月卸任前無法成功迫使參議院不認可拜登當選總統而證明。當時參議院由川普的共和黨掌控，由於有些共和黨員認為亞利桑那州

與賓夕法尼亞州及其他一些州有作票問題，在參議院提出不計入這些州的選舉人票。亞利桑那州與賓夕法尼亞州的提議因有人附議而成案，但是投票時 51 位共和黨參議員中只有 6 位支持不計入亞利桑那州的選舉人票，7 位支持不計入賓夕法尼亞州的選舉人票，而副總統潘斯也違逆川普的意志，堅守法律，沒有介入計票。

最後拜登順利被國會認定當選美國總統，而在這個事件以前，媒體已有許多有關川普及共和黨可能採取這種手段阻擋拜登成為總統的討論，但基本上多數媒體不認為川普可能成功。慣例上，參議院只負責開選舉人票，不改變各州選舉人投票結果，這次參議院確認拜登當選總統是尊重慣例的體現。大家尊重制度與慣例是美國社會運作的重要基礎，建立制度後，每個人在遊戲規則下競爭，新的事件或行為發生時形成先例，變成政府與民眾的重要行為參考，類似先例多了之後即成為法治的一部分。

規則的建立是美國社會非常重要的運作基礎，而對規則的詮釋或引用有爭議時，各級司法機構或大法官經常是最後的仲裁者。因此美國人熱衷於建立有利於自己的遊戲規則，

規則沒改變前，大家按規則辦事，這是川普總統拚命趕在大選前任命新任大法官，以便接替剛過世的金斯伯格大法官的原因。萬一選舉結果有爭議須由大法官仲裁時，可能對川普有利。但是選舉後，這些川普任內聘任的大法官都尊重法律及慣例，並沒有偏袒川普。

司法獨立及嚴格執行是支撐美國法制的關鍵因素。例如川普不喜歡尊重制度或規則，常隨心所欲發布行政命令（例如限制移民簽證的數量與國家），因此經常受到法官的節制，最終仍被限制在制度的框架內運作。因為他的特立獨行，美國民眾見識了一位不尊重制度，甚至不以身作則，在疫情期間不實踐自己政府所建議的防疫行為（例如拒絕戴口罩）的總統可能帶來的危害。

善於反省與改善

當然，司法從業人員在執業時也會受到自己的意識型態及成長過程中的經驗影響。美國的種族歧視是一個對有色人

種不公平、長期存在的現象，而在所有種族歧視當中，黑人受到司法不公平對待就是最常受到討論的問題。但是美國的韌性也在於美國社會能持續反省、調整、改善。

2021 年 3 月 8 日美國國務卿布林肯與中共中央外事工作委員會辦公室主任楊潔篪會談，楊潔篪開場直指美國的人權問題已存在很長歷史，黑人遭屠殺，「美國應先管好自己。」做為回應，布林肯在閉門座談開始之前表示：「美國認知到自己並不完美，曾經犯錯，反覆修正，在過去的歷史中，美國公開、透明面對挑戰，不是（對問題）視若無睹，也許有時過程痛苦醜陋，但一次次（的改變與修正將使）美國變得更堅強、更好、更團結。」[1]

美國充滿了批評自己、反省現狀，但是樂觀、勇於前進的意見與論述，相關書籍經常成為暢銷書。當美國意見領袖或媒體尖銳批評自己的國家時，沒有人會說這是在唱衰美國；相反地，美國人會參與辯論，思考可以改善現況的道路。佛里曼（Thomas Friedman）與曼德鮑（Michael Mandelbaum）合著的書籍《我們曾經輝煌：美國在新世界生存的關鍵》，就是這樣一個例子。[2] 兩位作者診斷、批判美國的現狀，同時樂觀地

提出建設性建議。

　有能力反省並改善的確是美國強盛的重要原因。楊潔篪提到的美國人權問題的確是美國長期受到世人詬病的挑戰，但是也反映了美國人不斷反覆修正的能力。15、16 世紀開始，就有非洲人被抓到美洲大陸，美國歷史上有系統的奴隸制度開始於 1619 年。[3] 為了解放黑奴，美國打了南北內戰（1861年至 1865 年），於 1865 年內戰末期時，通過了《美國憲法第 13 條修正案》，廢除了奴隸制度；又於 1868 年通過《美國憲法第 14 條修正案》，賦予所有在美國出生及在美國歸化的人公民權；而在 1869 年通過的《美國憲法第 15 條修正案》

---

1. 張文馨，〈布林肯：別跟美國對著幹　楊潔篪：美先管好自己〉，世界日報，2021 年 3 月 19 日，轉引自聯合新聞網，https://udn.com/news/story/122051/5329322。括號內的文字為作者所加。
2. 佛里曼、曼德鮑（2011），《我們曾經輝煌：美國在新世界生存的關鍵》，台北：天下文化。
3. Crystal Ponti, "America's History of Slavery Began Long Before Jamestown", August 14, 2019, https://www.history.com/news/american-slavery-before-jamestown-1619.

中，黑人得到了投票權。

儘管如此，各州仍有許多妨礙黑人投票的措施，直至1965年才又通過《投票權法案》（The Voting Rights Act of 1965），排除不讓黑人投票的各種合法的障礙。今天，在川普輸了大選之後，美國有些共和黨控制的州（例如德州）還嘗試立法限制投票的方便性（例如通訊投票），有些人認為這種舉動是為了阻礙民主黨選民（當中有許多黑人選民）投票。[4]

美國的種族問題仍持續改善中。2020年5月，美國明尼蘇達州明尼亞波利斯市的白人警察蕭文（Derek Chauvin）在執行公務時，以膝蓋壓制黑人佛洛伊德（George Floyd）長達10分鐘，最終導致佛洛伊德死亡，此事件引發了全美國甚至全球的「黑人的命也是命」（Black Lives Matter）抗議運動。2021年4月，蕭文被控謀殺，罪名成立，是明州史上第一次白人警察被控謀殺黑人罪成立，[5]創造了美國的歷史。[6]

當然，種族歧視仍普遍存在於美國社會，但「黑人的命也是命」運動及2021年1月6日發生的事件，讓作者相信，美國將成為一個多元族群真正融合的強國，而這會是美國持

續強大的重要原因。

美國將成為全球多元族群融合的典範

2021 年 1 月 20 日，拜登於華府宣誓就職，正式成為美國
第 46 任總統。而在他宣誓就職的兩週前（2021 年 1 月 6 日），
發生了美國歷史上十分罕見的暴亂 —— 抗議民眾暴力闖入國
會山莊，造成五人死亡（包括一名警察）。這是自從 1814 年
英軍火燒華盛頓之後，國會第一次被暴徒占據。全世界目瞪
口呆地觀看現場畫面，美國的盟友擔心這起事件對民主制度

---

4. Bill Chappell, "Here Are The Texas GOP's Reasons For Voting Restrictions
   —— And Why Critics Disagree", NPR, June 1, 2021, https://www.npr.
   org/2021/06/01/1002101600/here-are-the-texas-gops-reasons-for-voter-
   restrictions-and-critics-replies.
5. "Who was George Floyd and what happened to Derek Chauvin?", BBC News,
   May 24, 2020, https://www.bbc.com/news/world-us-canada-56270334.
6. https://en.wikipedia.org/wiki/Derek_Chauvin.

的影響：美國的敵人幸災樂禍，譏笑美國在其他國家製造的動亂也發生在自家身上。這次的暴亂被美國媒體與司法單位初步定位為叛亂，表示有許多人極度不滿國家，想推翻現狀。

參與這次暴動者，多為男性白人、種族歧視者，多半有基督教背景，甚至有民意代表與執法人員。他們都相信川普所聲稱的選舉不公造成川普落選。為什麼川普續任對他們特別重要？四年前他們相信川普代表他們，所以摒棄傳統共和黨政治人物而選擇川普擔任總統，盼望多年的怨氣得以伸張。

川普在美墨邊境築牆，防止中南美洲非法移民進入美國，也試圖減少或禁止某些伊斯蘭教國家的人民入境，這些政策得到擔心移民搶走飯碗的美國選民歡迎，也撫慰了擔心美國白人漸趨弱勢的選民。現今美國白人（不含拉丁美洲西裔）占國家總人口數的 60%，而美國主要盟國的白人占其國家總人口比例都遠高於美國，例如英國超過 85%、加拿大超過 75%，傳統的白人優越感在美國正受到極大的壓力，而趨勢上白人比例會持續下降。

川普總統的前任（歐巴馬總統）推動的健保，受益者多為黑人或少數族裔，川普努力嘗試廢止讓許多白人中產階級

吃虧的歐氏健保，遂了支持者的心意。而川普選民也認為歐巴馬健保象徵社會主義，川普經常指責民主黨對手是社會主義者，把社會主義與共產主義混為一談，符合選民胃口。川普打中國，除了滿足某些白人的種族優越感，也迎合了選民討厭社會主義的心態。

極端種族主義者是川普的強力支持者，在「黑人的命也是命」運動抗議白人警察殺黑人時，川普拒絕支持黑人，反而強調法治的重要性，強化了種族主義者對他的支持。

長達一年的 COVID-19 病毒肆虐讓川普強化白人個人英雄主義（不戴口罩）；他強調經濟成長重於控制疫情，導致經濟弱勢者更為弱勢，且罹患 COVID-19 確診者多為老弱與少數族裔。川普又把COVID-19病毒稱為「中國病毒」或「功夫病毒」，美國的社會矛盾在川普任內不斷被激化，例如針對亞裔的仇恨犯罪（hate crime）在 2020 年增加了 150%，[7] 最終造成了 2021

---

7. Kimmy Yam, "Anti-Asian hate crimes increased by nearly 150% in 2020, mostly in N.Y. and L.A., new report says", NBC News, March 10, 2021, https://www.nbcnews.com/news/asian-america/anti-asian-hate-crimes-increased-nearly-150-2020-mostly-n-n1260264.

年 1 月 6 日的暴動。

暴動之後，美國司法部門已經起訴了超過 400 位暴動者，而且有許多民眾主動利用網路蒐集與整理資訊提供給聯邦調查局，協助逮捕與起訴暴徒，[8] 美國在這件事情上又再次顯現了司法的獨立性。

COVID-19 疫情中，美國社會不停報導與討論種族歧視問題。新上任的拜登總統副手賀錦麗（Kamala Harris）是美國首位黑人女性副總統，川普總統的前任歐巴馬總統是黑人。據估計，2030 年後，美國白人比例將低於 50%。1980 年時，美國的白人比例是 80%，現今雖仍占 60%，但在 16 歲以下的美國人中已少於 50%。拜登支持移民，預示這個種族結構趨勢必將造成政治人物更重視非白人選民的心聲，未來美國將是一個沒有任何族群占絕對優勢的國家。

所以美國將是一個民族融合的希望之土，再次成為其他國家的榜樣。2021 年 6 月 19 日拜登總統簽署了《六月節國家獨立日法案》（Juneteenth National Independence Day Act），將 6 月 19 日變成聯邦國定假日，紀念德州於 1865 年 6 月 19 日成為最後一個宣布黑人解放的州。拜登說這會是他任內簽

署的極重要法案之一，這個法案再次證明美國朝向多元種族
社會和諧融合的趨勢。[9]

愛國英雄來自四面八方

　　美國擁有來自世界各地的不同族群，都以身為美國人而
驕傲，非常重視愛國教育與美國的價值觀。學童早上要宣示
對國旗及國家效忠，[10] 聲明美國是一個在上帝之下、不可分割

8.　"Capitol Riot 2021: Insurrection Suspect Search Is Ultimate Online Manhunt",
　　https://www.bloomberg.com/features/2021-capitol-riot-sedition-hunters/.
9.　https://en.wikipedia.org/wiki/Juneteenth.
10.　美國法律規定學童可以選擇不參加宣誓，但是這種情況不普遍，宣誓的內
　　容是：「我宣誓效忠國旗和它所代表的美利堅合眾國。這是一個在上帝之
　　下、不可分割的國家，人人享有自由和正義的權利。」（I pledge allegiance
　　to the Flag of the United States of America, and to the Republic for which it
　　stands, one Nation under God, indivisible, with liberty and justice for all.）

的國家，所有美國人都享受正義與自由。在美國，運動比賽前唱國歌是很自然的事，而且美國人以從軍為傲，為國捐軀是無上的光榮。

　　美國人習慣於強盛，希望維持第一。保持第一讓美國人感到驕傲，也是美國政府與企業所追求的，因為保持第一讓美國人更為愛國。第一代移民對美國的認同也許還不夠強，但是他們在美國出生的子女就完全是美國人了。我曾經問過一位在美國生長的華裔年輕人：你是中國人還是美國人？他回答：我第一是美國人，第二才是中國人。

　　儘管美國人很重視自己的家族傳承，但他們效忠的對象是美國。賀錦麗當選美國副總統，印度人感到很驕傲，但賀錦麗關心的是美國的利益。戴琪（Katherine Tai）的父母在中國大陸出生、台灣長大，但戴琪身為美國的貿易代表，她對中國的貿易談判絕不會手軟。例如她在 2021 年 5 月 26 日說，中美的經貿關係非常具挑戰性，需要美國政府全面性的關注。[11] 美國是移民的大熔爐，美國的公私立機構很習慣聘請外國人加入工作團隊，給他們居留權。這個現象在世界上並不普遍，例如即使日本有很大的人口減少壓力，但日本人習

慣於大和民族的單一性，安倍首相在任時曾努力增加移民，成效卻非常有限。

在美國或世界都堪稱頂尖大學的麻省理工學院（MIT），其教師團隊有 50% 不是在美國出生。曾經有位記者問 MIT 一位教授：「美國是不是病了，所以大學中有這麼多外籍教授？」這位教授的回答是：「你怎麼把我們的答案變成了問題呢？如果我們美國人那麼好，還需要外國人嗎？」美國的大學在全世界獵才，直接把優秀教師挖角到美國；早期美國醫院醫師不夠時，直接到台灣找醫師；美國企業更是習慣在全世界找人。1950 年代，北美開始把獵人頭變成一個行業，後來這個專業才漸漸傳播到其他國家。[12]

---

11. David Lawder, Andrea Shalal, "U.S. trade chief Tai says U.S. faces 'very large challenges' on China", Reuters, May 28, 2021, https://www.reuters.com/world/us/us-trade-chief-tai-says-us-faces-very-large-challenges-china-2021-05-27/.

12. "Tracing back recruitment history: The first headhunter was a soldier", https://us.experteer.com/magazine/tracing-back-recruitment-history-first-headhunter-soldier/.

美國竭盡所能維持競爭力，這是美國為何會持續強大的重要原因。一個國家的競爭力由以下幾個因素決定：政府的效能，司法的獨立，教育的品質，企業的治理能力，法規倡導及自由競爭的程度。美國政府的效能可以簡單地從美國軍方每次在海外作戰的軍力部署及後勤補給的超強效率看出。世界上沒有一個國家可以像美國一樣迅速在海外投入大量軍力，同時維持高度戰力。以伊拉克戰爭為例，2003 年 3 月 20 日美國聯合盟國發動奇襲，美國自己一開始投入 13 萬軍力，後來增加到 24.8 萬，總共有 6 個航空母艦戰鬥群，超過 400 架飛機，以及 23 個兩棲艦群參與這場戰爭，5 月 1 日布希總統就宣布戰爭結束。[13]

　　美國企業的管理能力也是無與倫比的，現代企業管理理論的發展，包括創新、競爭策略、商業模式、組織、生產、供應鏈、人力資源、財務、資訊系統、執行力等，美國都是最重要的學術重鎮。美國有全球最多、最好的商學院。近代新的商業模式多數源自於美國，例如電子商務（Amazon）、網路經濟（Google）、物聯網（Verizon）、人工智慧物聯網（Tesla）等。

美國企業擅長把科技應用到經營管理與產品的設計與行銷，所以這次 COVID-19 疫情對美國的企業管理影響不大。而其他國家企業的員工用美國人發明的個人電腦（蘋果、IBM）、移動裝置與作業系統（蘋果、微軟），以及美國企業發明的系統遠端運作（例如 Zoom、Microsoft Teams、Google Meet、Cisco Webex 等會議系統，以及 Amazon AWS、Microsoft Azure 等雲端服務系統），可以迅速做好在家上班的準備。雖然台積電與三星是全球最重要的晶片生產商，但若沒有美國的晶片設計軟體（Cadence）與美國製造晶片的硬體智慧財產權，全球企業無法設計先進晶片。

　　美國的科學研究也領先世界，兩家美國公司莫德納（Moderna）及輝瑞（Pfizer），使用最新技術研發出讓大

---

13. Sharon Otterman, "IRAQ: U.S. Deployments at the War's Height", CFR, February 3, 2005, https://www.cfr.org/backgrounder/iraq-us-deployments-wars-height; https://en.wikipedia.org/wiki/2003_invasion_of_Iraq.

家較放心的 COVID-19 疫苗。自從 20 世紀初期開始頒發諾貝爾獎到現在，共有超過 900 位得主，當中有 40% 來自於美國，而美國得主當中有 35% 是移民（非在美國出生）；此外，許多非美國得主曾在美國做研究，或與美國機構共同研究。[14]

最新的 QS 世界大學排名中，最好的大學有很高的比例在美國，前十大當中有五所是美國大學，MIT 連續十年排名第一。雖然大學排名就像選美一樣，有不周延與偏頗之處，全世界最好的大學多數在美國卻是一個公認的事實。而更驚人的是，這些大學的優秀教師與學生當中有高比例是外國人或是並非在美國出生的移民。

美國高中以上教育機構（例如大學等成人教育）的教師中有 22% 非美國出生。[15] 2018 年，25 歲以上在美國受教育的成年人中有 17% 不是在美國出生的，這些人畢業之後競相爭取留在美國；美國企業中有 45% 的軟體工程師、42% 的科學家及 29% 的醫師是屬於這類移民的高技能專業人士。[16]

這些移民也成為美國創新的重要力量，截至 2018 年，美國新創事業價值超過 10 億美元的企業有 91 家，其中 50 家起

碼有一位創辦人是移民，占總家數的 55%。[17] 2017 年的統計數據顯示，美國最大的財星 500（Fortune 500）公司當中，43% 是由移民或者是他們的子女創辦或共同創辦的，[18] 2014 年時，美國人口中有 13% 為新移民，當中有 30% 是開公司的，所有的新創公司中有 20% 是由移民創辦的。這是當川普總統要限

14. https://iir.gmu.edu/publications/nobelprize.

15. Yukiko Furuya, Mohammad Ismail Nooraddini, Wenjing Wang, and Michele Waslin, "A Portrait of Foreign-Born Teachers in the United States", Institute for Immigration Research, George Mason University, January 2019. file:///C:/Users/Ed%20Chow/Downloads/Teacher_Paper.pdf.

16. Kira Olsen-Medina, Jeanne Batalova, "College-Educated Immigrants in the United States", MPI, September 16, 2020, https://www.migrationpolicy.org/article/college-educated-immigrants-united-states-2018.

17. Stuart Anderson, "55% Of America's Billion-Dollar Startups Have An Immigrant Founder", https://www.forbes.com/sites/stuartanderson/2018/10/25/55-of-americas-billion-dollar-startups-have-immigrant-founder/?sh=523529d148ee.

18. Ian Hathaway, "Almost half of Fortune 500 companies were founded by American immigrants or their children", December 4, 2017, https://www.brookings.edu/blog/the-avenue/2017/12/04/almost-half-of-fortune-500-companies-were-founded-by-american-immigrants-or-their-children/.

制移民時，美國企業界非常擔心的原因，拜登當選後回到開放的移民政策，讓大家鬆了一口氣。

競爭把創新送到外太空

因此，美國是世界創新中心。美國的創新力可以歸因於美國的法制與文化鼓勵競爭，「新」、「舊」美國人一起競爭，創造財富。競爭就是要贏，競爭愈激烈，就會刺激競爭者變得愈強。川普常掛在嘴邊的「我們會贏（We will win.），會大贏」，即是美國傳統文化的體現。美國在法制設計面促進競爭，確保大家依規則競爭，例如美國的公平競爭法防止企業強大到壟斷後反而阻礙競爭，甚至美國企業在海外賄賂外國政府也是違法的。即使是民間組織也重視建立競爭規則，例如職業籃球隊選秀把強隊的選秀順位排在弱隊之後，希望強化競爭，讓球賽更有看頭。

競爭讓美國企業不斷創新。眾所周知，貝佐斯（Jeff Bezos）、布蘭森（Richard Branson）、馬斯克（Elon Musk）

三人在太空領域激烈競爭，每個人都想爭第一。貝佐斯宣布將在 2021 年 7 月 20 日，與阿波羅 11 號 1969 年登月的同一天，搭他創辦的公司「藍色起源」（Blue Origin）的火箭「新謝波德號」（New Shepard）上太空十幾分鐘。維珍銀河公司（Virgin Galactic）的布蘭森知道後，馬上說要比貝佐斯更早上太空，也真的趕在 7 月 12 日帶三位旅客一起上外太空（到達離地表 54 英里左右）4 分鐘左右返回地球。

維珍銀河的大股東雖然是英國人（布蘭森），主要營運地點卻是美國，因為美國是發展太空領域最好的地方。特斯拉創辦人馬斯克的太空探索科技公司（SpaceX）的夢想是降低太空旅行的成本，將來可以殖民火星，現在太空探索科技公司已經成功將平民太空人送到外太空去了。這三家企業的競爭讓美國的太空產業舉世無敵。

在中美貿易戰的論述上，美國同樣強調中美的公平競爭：讓美國企業在中國市場有相同的競爭地位，保護美國企業的智慧財產權，同時減少中國政府對國營企業的補貼與保護。為了贏，美國講究規則，取得有利的競爭地位，例如強調南海與台灣海峽是國際海域，艦艇可以自由航行；建立規則維

護美國的競爭力，例如 1944 年倡議國際貨幣基金組織與世界銀行；當規則不利於自己競爭時，嘗試改變規則，例如美國在貿易爭端上，從多邊協議改為與對手單獨談判，WTO 已不再是美國與貿易對手較勁的主要場合。

美國的個人與企業習慣「優勝劣敗，適者生存」，所以銀行、保險公司、券商可以倒閉；美國公司為了競爭力，在雇用員工時，於不歧視及不違法的前提下，可以隨時資遣員工；美國新創事業隨時冒出，經常屍橫遍野，但也經常取代老公司；儘管有時美國政府緊縮移民，優秀外國人才仍然可以被美國機構所用，只要有本事，外國人在美國還是能出頭；美國大學競爭力超強，最重要的原因是為了贏，想辦法聘最強的教師，也淘汰競爭力弱的。

只要美國繼續維持這種競爭文化，其他國家就很難與美國競爭，而在可預見的將來，還沒有美國人的強烈競爭性會改變的跡象。2008 年全球金融危機後，美國復甦之快速令人印象深刻。而歐盟國家在 COVID-19 疫情未開始前，都還無法擺脫金融危機的陰影，疫情之後更是雪上加霜。

美國儘管強大，卻很了解當愈來愈多新興國家（例如亞

洲）快速成長以後，相對於全世界，美國的經濟規模必然日趨下降。為了競爭，美國必須維持開放，也因此必然會受到國際經濟情勢與地緣政治的影響。而中國的強力崛起使得與中國相關的經貿與地緣政治（例如「一帶一路」）必定會影響到美國的霸權。

第五章
抑中聯盟

　　戰爭的目的決定戰略與打法。至今，美國描述中國的詞彙多為對手（rival）、[1]競爭者（competitor）、挑戰者（challenger）、威脅（threat）、敵人（enemy），[2]這些詞彙代表美國覺得自己的地位與現狀受到威脅，有點像世界網球冠軍面臨後起之秀挑戰的味道，但還不若二次大戰美國與日本或德國那種水火不容、勢不兩立的敵對關係。

　　拜登總統與他的官員經常說美國與中國之間的競爭不尋

求衝突（conflict），而且在符合美國利益的必要時刻會合作。在這種情況下，中美雖激烈競爭，但會盡量避免你死我活的打擊。以今日兩國的軍事力量，摧毀性的打法難以想像，那麼中美戰爭的結果只剩下三種可能性：(1) 中國的崛起受到有效性的壓制，(2) 中國超越美國，或者 (3) 雙贏。

當然，在爭鬥的過程中，即使是勝利者也必然會承受損失。中國在數十年之內超越美國成為全球霸主的機會微乎其微，因為美國實在太強大了，但是中國的國力將能大幅縮短兩國之間的差距，直到美國必須認同中國可與其共同決定世界的主要經濟與地緣政治議題。

---

1. "Remarks by President Biden on America's Place in the World", February 4, 2021, https://www.whitehouse.gov/briefing-room/speeches-remarks/2021/02/04/remarks-by-president-biden-on-americas-place-in-the-world/.
2. 「敵人」這個名詞用得很少，有時會是由民意代表及媒體使用，拜登政府很少使用。

美國將無法有效壓抑中國，以網球比賽來比喻，美國將無法在各項賽事中奪冠，而會愈來愈有輸有贏，最後會是兩個單打強手搭檔，聯袂出賽世界盃網球雙打（或者中國人比較喜歡比喻為桌球雙打），在均衡的狀態下一起努力維護兩國的利益與世界的秩序。以下本書將說明中美戰爭會在一段時間內愈演愈烈，然後進入一個激烈衝突（非軍事）減少、合作增加的局面。

政權移轉改打團體戰

川普是企業家，思維方式是競爭重於合作，現在把對手打垮，讓對方無法再成為威脅，或者乾脆把對手吃掉（併購），是利益最大化的企業競爭法則。企業在生態環境中雖然互相依賴，例如蘋果靠台灣的廠商代工組裝手機與平板，靠應用程式公司提供 App 給蘋果的顧客使用，但是蘋果公司為了自身利益，一定要確保供應商相互競爭，讓自己有最大的議價空間，不會讓供應商有機會聯合起來對付自己。因為蘋果相

對於供應商居絕對優勢（產品是蘋果設計的、核心技術諸如作業軟體與晶片屬於蘋果、顧客是蘋果的），所以蘋果一定是一對一地與供應商周旋，拿到最好的條件，同時扶植多個供應商，讓每個供應商隨時都有被換掉的可能。

歐洲盟國對川普而言就像是生態環境中的一份子，不就是供應商、貿易對手或買主嗎？美國相對任何一個盟國都占絕對優勢（國防武力、經濟成長、科技創新、市場規模等），與對方單打獨鬥絕對比跟一群對手競爭有利，所以川普選擇雙邊貿易談判，退出歐巴馬加入的《跨太平洋夥伴關係協定》（Trans-Pacific Partnership，簡稱 TPP），也不願參與 WTO 或 WHO 事務。

「打中國」這件事，川普也選擇了一對一，不與盟國協商。與盟國合作，協商成本高，不僅曠日經久，還要分潤。自己與中國談，可以囊括所有好處，例如要求中國進口很多美國商品、給美國企業進入中國市場的便利、保護美國廠商的智慧財產權等。

拜登是傳統政治家，政治界與企業界的競爭方式是截然不同的。企業家拿自己的資金或技術將想法商品化後與其他

企業競爭顧客；政治家則是與別人合作，利用別人的資源達到自己的目的。例如總統編列預算，用納稅人的錢達到目的，過程中必須與許多利益團體協商，其中民意代表是非常重要的，他們代表選民及自己（這個部分經常不透明）的利益，預算要通過，必須針對利益與目的妥協。

所以政治人物的重要技能是折衷與妥協，而領導人更必須做到人和才能政通——要人和，雨露均霑非常關鍵。拜登上任後，改變了川普單打獨鬥的做法，積極與盟邦連繫，希望形成共同對付中國的聯盟，而美國當然是聯盟之首。至於是否能成功形成一個堅強的「抑中聯盟」，關鍵將是美國能否將打擊中國的利益讓盟友雨露均霑。

拜登政府的外交重心是應付中國的威脅，而民主黨與共和黨雖然在內政方面想法南轅北轍，對付中國卻有共識，拜登總統因此有了說服國會通過預算的論述切入點。在參議院經過兩黨協商，通過美國史上最大的 1.2 兆元基礎建設法案後，拜登發表支持談話，提及現在是民主與專制的轉折點，這項法案證明美國的民主能為人民提供良好的措施，讓美國人民在 21 世紀有能力與人競爭並獲得勝利。[3]

在拜登眼裡，美國與中國的競爭不僅在國力，更擴及政治制度，美國必須證明民主制度能讓美國強大，也會帶給人民更好的結果。民主制度的優異是拜登尋求與盟友合作對抗中國的主要論述之一，如果民主對人類是好的，極權是不好的，那麼中國的興起就會威脅人類。

　　相對地，習近平在 2021 年中國共產黨一百年黨慶發表談話表示，「經過全黨全國各族人民持續奮鬥，我們實現了第一個百年奮鬥目標，在中華大地上全面建成了小康社會，歷史性地解決了絕對貧困問題，正在意氣風發向著全面建成社會主義現代化強國的第二個百年奮鬥目標邁進……必須團結

---

3. 這個法案呼應了拜登提出的「重建美好未來」基礎建設方案。請參見："FACT SHEET: President Biden Announces Support for the Bipartisan Infrastructure Framework", June 24, 2021, https://www.whitehouse.gov/briefing-room/statements-releases/2021/06/24/fact-sheet-president-biden-announces-support-for-the-bipartisan-infrastructure-framework/.

帶領中國人民不斷為美好生活而奮鬥……在偉大的中國共產黨領導下，近代以後久經磨難的中華民族迎來了從站起來、富起來到強起來的偉大飛躍，14 億多中國人民正意氣風發走在中國特色社會主義新時代的壯麗征程上。」如果中國真的在中共第二個百年中富起來、強起來，與美國的差距不斷縮小，美國的說服力就會變小。

拜登政府在 2021 年 6 月的 G7 會議中，成功說服盟國在會後的共同宣言中加入要中國尊重新疆人權、維持香港高度自治的內容，並要求 WHO 做第二階段的 COVID-19 源起的調查，同時提到維持台灣海峽穩定的重要性，兩岸應和平解決問題。有別於中國的「一帶一路」強調基礎建設，G7 國家同意一個數千億美元的新方案 —— 重建更好世界（Build Back Better World，簡稱 B3W），[4] 要在氣候、健康、數位科技、性別平等各方面幫助較貧窮國家；G7 國家反對不公平的促進經濟措施、不遵從市場機制的貿易與商業行為。[5]

拜登的「抑中聯盟」看起來已經有不錯的進展。除了 G7，美國早已有「五眼聯盟」（Five Eyes Alliances，包含美

國、英國、加拿大、澳洲、紐西蘭）共同分享情報；現正拉攏印度積極參與「四方安全對話聯盟」（Quadrilateral Security Dialogue, Quad，包含美國、日本、澳洲、印度），並共同舉行軍事演習；日本對於台灣的立場也愈來愈積極明確，已有「如果中國攻台，日本將與美國一起出兵協防台灣」等講法。[6]

美國的抑中論述有：(1) 中國是極權國家而非民主國家，對世界是危險的，習近平取消主席任期制為明顯事例；(2) 中

4. "FACT SHEET: President Biden and G7 Leaders Launch Build Back Better World (B3W) Partnership", June 12, 2021, https://www.whitehouse.gov/briefing-room/statements-releases/2021/06/12/fact-sheet-president-biden-and-g7-leaders-launch-build-back-better-world-b3w-partnership/.

5. "U.S. & China Trade With G7 Members", June 17, 2021, https://china.usc.edu/us-china-trade-g7-members.

6. Isabel Reynolds, "Japan's Aso Draws China Anger for Comments on Defending Taiwan", Bloomberg, July 6, 2021, https://www.bloomberg.com/news/articles/2021-07-06/japan-u-s-must-defend-taiwan-together-deputy-premier-aso-says.

國迫害人權，威脅人類的自由，香港反送中及新疆棉等事件均為實例；(3) 中國軍事力量日益強大，將掠奪全球資源，從南海主權的爭議可見一斑；(4) 中國不按世界規則辦事，在補貼國營事業、貿易與竊取科技方面占盡便宜。

這些論述已有一些效果，例如：宣稱中國強迫新疆人生產棉花，這對重視人權的歐盟來說即具有說服力，於是歐盟依據《全球馬格尼茨基人權問責法》（Global Magnitsky Human Rights Accountability Act），在旅行及商業往來方面制裁四位官員及一個中國機構；接著美國及加拿大等國跟進制裁，包含時任新疆生產建設兵團黨委書記王君正、新疆維吾爾自治區公安廳廳長陳明國等官員及機構，被禁止與美國人民商業往來及進出全球金融體系，美國同時凍結他們在美國管轄範圍可能擁有的資產等。

中國以制裁十名歐洲政要及四個機構回擊，禁止他們進入中國或與中國機構有商業往來；接著歐洲議會暫時停止批准《中歐投資協定》，直到中國停止制裁為止。這件事對美國而言是重要勝利，因為川普時代美國曾力阻歐洲與中國達成投資協定而未果。

盟國「抑中」的好處？

拜登的早期「抑中聯盟」成果是否能擴大（包括增加成員及強度等）將決定美國抑中的效果。

「抑中聯盟」的成效取決於兩個重要因素：第一，美國做為聯盟領袖必須能與成員分享抑中的成果；第二，美國的抑中論述在全球必須有足夠說服力。而美國要分享抑中成果又必須在兩個條件下才能成立：其一，抑中要有好處；其二，美國要能分享。

抑中的潛在好處有兩項，第一項為「抑中」提高了地緣政治的安全性，例如日本認為中國如果攻占台灣，日本可能無法在台灣海峽自由航行；美國認為如果無法抑制中國在南海的勢力，將損及美國在南海及其周邊的活動及權益。

抑中的地緣政治利益

從傳統的零和賽局（Zero-Sum Game）角度觀之，中國

崛起將侵蝕強國的既得利益。中國對「抑中」的反制策略是「共存共榮」，例如在南海提出擱置主權爭議、共同開發南海的倡議，也得到一些成果，菲律賓即因此抗拒明確與美國一起「抑中」。越南與中國長期不合，自 1979 年中越戰爭之後有十年的中越邊境衝突，1988 年 3 月 14 日，中國與越南海軍為爭奪南沙赤瓜礁發生 23 分鐘的武裝衝突，至今在南海仍有一些小衝突。但是越南與其他南海周邊國家正與中國一樣占據南海的島礁，中國並未阻止這種情況，隨著各國占據島礁的情況逐漸穩定，RCEP 開始執行，「一帶一路」更便利了南海各國的貿易與交通，南海似乎可以成為中國和平崛起的範例。

習近平在中共建黨一百年黨慶發表談話提及：「中國人民從來沒有欺負、壓迫、奴役過其他國家人民，過去沒有，現在沒有，將來也不會有……必須高舉和平、發展、合作、共贏旗幟，奉行獨立自主的和平外交政策，堅持走和平發展道路，推動建設新型國際關係，推動共建人類命運共同體，推動共建『一帶一路』高質量發展，推動歷史車輪向著光明的目標前進……」[7]

黨慶前幾天，習近平敦促黨內領導者「努力塑造可信、可愛、可敬的中國形象」。如果中國認真推動這個「和平、發展、合作、共贏」的國際關係方向，找到實際可以與「抑中聯盟」成員良性互動的模式，「抑中聯盟」成員感受到的「中國威脅」可能降低；尤其當中國經濟實力日漸增強之後，良性互動若仍得以持續，他們對中國和平崛起的排斥感也將降低。歐盟中原本就只有兩個屬盎格魯－撒克遜人的英語系國家——英國與愛爾蘭，英國是美國的堅強盟友，已退出歐盟，中國今後必將努力在歐盟中樹立和平崛起形象，以及與歐盟合作共贏的良性互動。

　　中國與轉型中國家及開發中國家早已合作多年，[8]中國提

7.　〈慶祝中國共產黨成立 100 週年大會在天安門廣場隆重舉行　習近平發表重要講話〉，請參見：http://www.xinhuanet.com/politics/2021-07/01/c_1127615310.htm。

8.　United Nations, "Country classification", *World Economic Situation and Prospects*, 2014, pp. 145-150. https://www.un.org/en/development/desa/policy/wesp/wesp_current/wesp2014.pdf.

供他們的人民與政府官員教育訓練、提供軍隊裝備及訓練、幫助基礎建設及經濟發展等等。習近平對於「一帶一路」用力極深，主要目的在提升合作國家的交通基礎建設。儘管有些國際媒體報導「一帶一路」造成一些國家對中國的負債大幅增加，根本無力償債，而且中國因此掌控一些港口、自然資源、交通運輸等戰略利益，但「一帶一路」國家基本上並無太高的反對聲量——這從中國可以左右 WHO 是否邀請台灣為觀察員即可看出，而習近平在中共百年黨慶中仍強調「推動共建『一帶一路』高質量發展」。

抑中的經濟利益

除了降低中國的地緣政治威脅，抑中的第二項潛在好處必須是能增加「抑中聯盟」的經濟利益。如果中國的經濟量體如眾所預期的持續增大（例如每年 5%），而且能與大家共存共榮，中國威脅論對「抑中聯盟」成員的影響力將下降許多，抑中的經濟利益必然會小於與中國合作發展。

俄國、越南及日本算是中國的宿敵。中俄關係在 1969 年珍寶島戰役時降至冰點，1990 年俄國承認珍寶島歸屬中國，2004 年中俄達成了關於黑瞎子島的協議，全部邊界問題才獲得解決。有趣的是，美國在 1970 年代開始與中國接觸，幫助了美國對俄國的冷戰及中國對抗俄國，但是時過境遷，美國多年經濟制裁俄國及掀起中美貿易戰，卻出乎意料幫助了現代中俄關係的改善，現在的中俄關係算是「史上最好的」。

2018 年時中俄貿易占俄國總貿易額的 15.5%，卻只占中國的 0.8%。[9] 以前中國對俄國的進口大部分與軍事裝備有關，現在中國已愈來愈軍事自主，俄國因此很希望增加出口農產品及原物料至中國。拜登已於 2021 年 6 月與普丁會面，希望降低美俄緊張關係，能夠全力對付中國，但在地緣政治及經濟利益方面，美國已經無法像在 1970 年代以「與中國關係正常

9.　Jonathan E. Hillman, "China and Russia: Economic Unequals", CSIS, July 15, 2020, https://www.csis.org/analysis/china-and-russia-economic-unequals.

化來協助美俄的冷戰」這樣的方式與俄國合作對付中國。

中共於 1950 年至 1975 年間支持越共鬥爭南越及美國，但中越在 1975 年越戰結束後交惡，越南開始倒向蘇俄。1978 年，越南和蘇聯簽署《越蘇友好合作互助條約》，並侵入柬埔寨，推翻了親中的紅色高棉政權，直到 1989 年越南自柬埔寨撤軍。

1990 年代至 21 世紀初期，中越逐步解決了關於北部灣地區的邊界和領海主權問題，雖仍偶有南沙群島主權的爭議，但兩國關係已經開始改善。越共現在師法中共的改革開放，有助於拉近兩國人民及政府的關係，兩國的貿易額已由 1991 年的三千多萬美元提高到 2020 年的 1,000 億美元，中國成為越南第一個千億美元貿易夥伴，[10] 中國也是越南的第三大外國直接投資者，僅次於新加坡與南韓。

越南正在逐漸「部分」取代中國成為較小的世界工廠，雖然因歷史糾葛而使越南對中國的投資有疑慮，但越南與中國的供應鏈愈來愈緊密結合是必然的趨勢。越南生產的商品在大陸銷售或者在大陸加工再銷售，將是越南成長的重要途徑。

20 世紀日本對中國的傷害一直是中日關係的重要陰影。

20 世紀初，日本為八國聯軍一員，開始殖民中國，但是讓中國人最難以磨滅的悲痛記憶是日本侵華。中國打了八年對日抗戰，保守估計，日本殺死了大約 600 萬中國軍民。[11] 在這種血海深仇下，戰後中國沒有要求日本賠償。而在 1979 年至 2005年間，中國是日本的官方發展援助（Official Development Assistance，簡稱 ODA）的最大受益者；截至 2018 年日本停止提供中國援助時，日本以貸款、無償援助、技術合作給中國的援助總額達 324 億美元。[12]

2010 年後日本大量投資中國，截至 2019 年，日本是中國

10. Dat Nguyen, "China-Vietnam trade soars past $100 bln", VnExpress, November 19, 2020, e.vnexpress.net/news/business/economy/china-vietnam-trade-soars-past-100-bln-4194048.html.

11. R.J. Rummel, "Statistics Of Japanese Democide Estimates, Calculations, And Sources", *Statistics of Democide*, Chapter 3.

12. Abhijitha Singh, "Japan-China economic ties flourishing", The Sunday Guardian, January 2, 2021, https://www.sundayguardianlive.com/news/japan-china-economic-ties-flourishing.

的最大外資直接投資國，總額達 1,160 億美元，僅 2019 年就有 1,000 家日本企業在中國新設。雖然經貿關係愈來愈密切，日本與中國人民的相互觀感仍極負面，雙方大概只有 5% 人民具有正面觀感。儘管如此，自從安倍政府推動增加接受新移民以來，中國留學生還是成為日本新移民的大宗。2018 年日本接受的移民數量中，中國人占第二位；至 2021 年，日本的中國移民人口已占日本總人口的 0.6%。[13]

中國的商機對日本企業非常重要，中國是日本的最大貿易夥伴，日本是中國的第二大貿易夥伴，兩國有非常特殊的互補關係。例如日本與中國互為電子與機械機具的最大出口與進口國，日本從中國進口低階的電子與機械機具，出口到中國高階精密機具，[14] 日本如果沒有中國這個機具市場，誰會是替代買主呢？

豐田汽車在中國一年銷售約 200 萬輛新車，2022 年中國應該就會超越美國成為豐田的最大市場。豐田在中國的汽車生產量占全公司的 20%，此外豐田也在中國生產汽車零組件。這種在中國生產、在中國銷售的方式，造成一個很現實的問題：如果豐田離開中國，就減少了 20% 以上的營收，幾乎無

法以其他市場取代。

　　日本從二戰戰敗以後就在美國的掌握中。1945 年以後美國軍事占領日本七年，之後日本的民主政治制度是由美國主導建立。日本長期以來受美國的軍事保護，美日雙方人民相互有高度的信任感。即使 1990 年代美國因日本經濟崛起而重擊日本，造成日本經濟停滯至今，日本仍是美國最堅實的盟友之一。在地緣政治層次，日本在情感及現實中會與美國站在一起；但在經濟層面，日本必須靠自己。所以日本會發表與美國立場一致的言論，例如要中國重視新疆的人權、維持台灣海峽的穩定；但同時日本也要加入中國主導的貿易協定RCEP。

　　歐盟可以從與美國一起打擊中國得到什麼經濟利益呢？歐盟與日本類似，國防方面受美國保護，經濟必須靠自己。

---

13. https://www.cia.gov/the-world-factbook/countries/japan/#people-and-society.

14. Matthew Johnston, "China's Top Trading Partners", Investopedia, August 9, 2019, https://www.investopedia.com/articles/investing/092815/chinas-top-trading-partners.asp.

美國是歐盟的第二大貿易夥伴，但美國與歐盟也經常有經貿方面的爭端。[15] 從 1995 年至 2021 年 3 月，WTO 爭議處理系統顯示美國與他國的貿易爭端共 280 件，其中最多的是與歐盟，共 55 件，歐盟告美國 20 件，美國告歐盟 35 件；中國次之，與美國有 39 件爭端；排名第三的是加拿大，共 28 件。

中國已經是歐盟的最大進口國，也是歐盟的第一大貿易夥伴，而歐盟是中國的最大貿易夥伴，[16] 而且商品與服務的貿易量一直增加。歐盟企業對中國內需市場的興趣可由大量在中國的直接投資看出，截至 2019 年總金額達 2,000 億歐元，而美國也有 2,800 億美元左右。

德國與法國是歐盟最舉足輕重的兩國，儘管中美貿易戰對德國企業造成壓力，中國德國商會與安侯建業合作的 2019／2020 調查報告仍然顯示有 77% 的德國企業要留在中國。[17]德國最具代表性的產業是汽車，福斯集團（含奧迪、保時捷等名牌）、賓士、BMW 都是全球響噹噹的品牌，中國是這些公司的最重要海外市場。2018 年福斯在中國大陸的市占率是 18.5%，銷售了 421 萬輛，[18] 占全球銷售量（1,083 萬輛）的 38%；2020 年中國市場占 BMW 全球銷售額的 33.5%，占

賓士的 36%，占奧迪的 43%。[19]

　　中國是法國除歐盟與美國之外的第三大貿易夥伴。以國家為單位，2019 年中國是法國的第七大出口地區，總金額 236 億美元，中國是法國的最大進口國，金額達 452 億。[20] 法國最重要的產業可以說是觀光業，一年有 7,000 萬觀光客，絕大多數來自其他歐洲國家，而且很多是過境不過夜的旅

15. "U.S. Trade Debates: Select Disputes and Actions", https://crsreports.congress.gov/.

16. https://trade.ec.europa.eu/doclib/html/122530.htm.（擷取日期：2021 年 12 月 26 日）

17. "German Business in China", Business Confidence Survey 2019/2020, German Chamber of Commerce in China in cooperation with KPMG.

18. https://www.volkswagenag.com/en/news/stories/2019/02/powerhouse-for-the-mobility-of-tomorrow.html#.

19. Kosei Fukao, "Mercedes, Audi and BMW driven deeper into China by pandemic", Nikkei Asia, January 30, 2021, https://asia.nikkei.com/Business/Automobiles/Mercedes-Audi-and-BMW-driven-deeper-into-China-by-pandemic.

20. https://oec.world/en/profile/country/fra#yearly-imports.

客：2018 年中國到法國的觀光客人數是 210 萬人次，平均每人住宿 1.5 晚，法國希望未來中國觀光客人數能達到 500 萬人次。[21]

法國最大的出口項目是航空相關產品，最具指標性的公司之一是法國空中巴士集團，其生產的客機有四分之一賣到中國，直升機在中國的市占率則是 40%。它的國防與太空部門在中國著力極深，已經運作三十年以上，與中國在衛星、通訊、偵測及航運交通管制方面深入合作。空中巴士預期中國將是最大的民用航空市場，已經交付中國 2,000 架飛機，市占率將超過 50%。隨著中國逐步開放低空空域給民航管理，中國將成為全球最大的直升機市場，空中巴士將來機會無窮。[22]

補償「抑中」損失，美國給得起嗎？

美國要拉入「抑中聯盟」的成員在中國都有強大的經濟利益，如果「抑中聯盟」打垮了中國經濟，美國能給盟國什

麼？足夠補償所有的經濟損失嗎？或者，如果中國經濟不再成長，美國能提供任何的替代成長方案嗎？抑或是，參與「抑中聯盟」與中國產生經貿衝突，美國能彌補損失嗎？展望全世界，在可預見的將來，沒有任何一個國家或區塊能取代中國經濟量能；就算中國僅是成長停滯，也必定將帶動全球的成長停滯。連美國都認知，中國經濟對美國有舉足輕重的影響，對其他盟國的影響更是可想而知。

　　而與美國同一陣線打擊中國是有代價的，澳洲就面臨了這一個尷尬的狀況。澳洲與美國同屬盎格魯－撒克遜英語系國家，在每一個抑中項目上都與美國立場一致，包括禁止華為參與 5G 營運、要求對 COVID-19 病毒的起源調查、積極參與美國主導針對中國的軍事演習；中國因此針對自澳洲進口

---

21. https://www.condorferries.co.uk/france-tourism-statistics.
22. "Airbus in China", https://www.airbus.com/company/worldwide-presence/china.html.

的麥子課徵 80% 關稅，對葡萄酒課徵 200% 的關稅，並禁止進口龍蝦，而 96% 的澳洲龍蝦是出口到中國的。整體而言，澳洲的總出口有 40% 銷往中國，2021 年澳洲因中國的回擊而減少了 23 億美元的出口。

中國於 2021 年 5 月暫停與澳洲的雙邊經貿對話，澳洲的貿易、觀光、投資部長 7 月到美國與亞洲訪問，希望爭取美國等國支持其將中國的貿易問題提到 WTO 解決，也希望增加各國與澳洲的貿易及投資。但令美國尷尬的是，中國為了對抗澳洲，大量減少自澳洲進口煤，卻大量增加進口美國煤，美國反而因澳洲的損失而受惠。而中國也正尋求在 WTO 控訴美國對中國關稅的大幅增加。美國聲明支持澳洲，兩國都強調以尊重規則為基礎的多邊貿易（Rule-Based Multilateral Trade）；中國也強調多邊而非單邊主義。不論最後誰的論述得以伸張，美國無法用多賣煤給中國的利益彌補澳洲的損失卻是個不爭的事實。

美國顯然無法彌補「抑中聯盟」成員與中國抗爭產生的損失，如果中國因受打壓而無法成長，美國是否能幫助盟友在中國需求不足的情況下成長呢？答案應該也是否定的，原

因有兩個。

第一，美國在 2007 年全球金融危機發生以前的國民所得與其他主要盟友相當，不到 5 萬美元；但在 2020 年底時美國的國民所得已達 6.3 萬美元，而主要盟友卻衰退到只有 4 萬美元左右。儘管美國的經濟發展與活力讓其他「抑中聯盟」成員羨慕不已，但是美國的全球經濟影響力日漸式微，現占全球產出的四分之一不到，雖然這是開發中國家與新興國家經濟成長率較高的必然結果，但已減低了美國幫助盟友的能力。

第二，美國比盟友富有而且強大，可是美國的競爭天性造成美國做不到「讓利」盟友。美國的經濟表現好，是與盟友競爭的結果，簡單講就是美國「贏了」盟友，而且美國人引以為傲。美國選民以經濟好壞為投票取向，政治人物最喜炫耀的是施政的經濟成果，念茲在茲的是美國經濟的全球競爭力，而不僅是與中國的競爭。拜登總統於 2021 年 7 月簽署行政命令，要增加美國境內的競爭，促進成長與創新，如果達成目的，盟友即相對更不具競爭力了。

美國與貿易對手錙銖必較，即便盟友亦無例外。美國於川普總統任內重新議定《北美自由貿易協定》，擬定出更有利於

美國的新協議——《美國－墨西哥－加拿大協議》。加拿大是美國「抑中聯盟」的堅實盟友，2019 年應美國要求於華為創辦人任正非的女兒孟晚舟過境加拿大時將其逮捕，後令她居家監禁，至 2021 年 9 月底才因美國與孟晚舟達成延期起訴的協議，釋放孟晚舟回中國。在拘留孟晚舟的期間，中加關係因之急遽惡化；中方也以從事間諜活動為由，拘禁並定罪兩位加拿大公民，其中一位被判死刑。後來孟晚舟回到中國後，這兩位加拿大公民也被釋放回加拿大。

即使美加為堅實盟友關係，而且《美墨加協議》已施行，美國仍持續與加拿大就長期以來的木材進口問題爭執，加拿大不滿美國指控加拿大貼補木材產業而對加拿大木材課徵高關稅。加拿大也與墨西哥在出口到美國的汽車相關爭議上採同一立場，至 2021 年中，三國仍就如何計算加、墨兩國製造的汽車所採用的零組件屬於當地製造的比例方面爭執不休。[23]

既然美國與盟友在經貿方面是親兄弟明算帳，如果全面抑中導致中國經濟崩潰，盟友因此遭受巨大經濟損失，美國也是不可能彌補其損失的。既然美國不可能彌補盟友的損失，

顯然美國也不可能說服盟友全面打擊中國經濟，那麼能維繫
「抑中聯盟」的就只有地緣與國內政治因素了。

站上食物鏈頂端，爭取最大利益

　　拜登總統曾經明示過，他不會允許中國超越美國，依據
本書以上的分析，他的話是可信的，美國的抑中目標就是要
維持美國的世界獨強地位，不被中國取代。對盟友而言，這
個目標在地緣政治方面比抑制中國的經濟發展更有說服力。
沒有一個國家願意被別人超越，就像生物的世界，人類居於
食物鏈的最優勢地位，支配所有其他生物，但又不能沒有其
他生物，否則無法生存。

---

23. https://www.bloomberg.com/news/articles/2021-07-23/u-s-and-mexico-fail-to-resolve-dispute-on-trade-rules-for-cars.

歐美國家的經濟活動的附加價值比中國高許多。美國賣高價晶片給中國換取廉價衣服，德國賣名貴汽車給中國換取廉價球鞋，法國賣商用飛機給中國換取廉價個人電腦，這種狀況如果能維持下去，歐美國家就可以保持相對高的生活水準，同時控制中國。

　　這是美國主要盟友一致抵制華為 5G 設備的原因。華為 5G 是中國第一次在對未來世界有重大影響的前沿科技領域領先歐美，如果不壓制華為，歐美國家慣常的「食物鏈」極可能重組，形成豬羊變色的狀況。

　　5G 的高速、寬頻、低延遲性，對未來的影響極大。人們討論物聯網（Internet of Things，簡稱 IoT）很久了，對於「所有的東西都能經由網路連結起來」有極大的憧憬。配合虛擬實境、人工智慧，智慧家庭（家裡的電器與家具都可經由聲控一體控制）、全自動駕駛、精準農業，還有許多現在還想不到的應用都將變為可能。

　　高通（Qualcomm）估計，要到 2035 年，5G 對經濟的影響潛力才會完全發揮，屆時將激發 13 兆美元以上的新產品與服務，大幅改變人類的生活方式。[24] 5G 的資訊傳輸能力對國

防及國家安全也有重大影響，[25] 5G 可大幅加強軍事及國安資訊蒐集後的運用，例如對軍事設備、設施的自動化與後勤、協調統合完成任務，會有深遠的影響。

所以美國以華為受中國政府補貼，而且與政府關係曖昧，可能會為中國政府開後門（backdoors），讓中國能進入或窺伺使用華為設備的組織或國家的各種資訊系統，造成嚴重國安威脅為由，禁止華為設備在美國使用，同時說服盟邦採取類似的行動。

儘管華為強調在科技方面，使用者可以完全避免這種風險，而且西方專家也無法完全證明美國的說法，但美國基本上成功說服了主要盟邦不使用華為 5G 設備。美國還努力打擊華為整個公司的生存能力，單方面以國安理由禁止使用美國

---

24. https://www.qualcomm.com/5g/what-is-5g.
25. "National Security Implications of Fifth Generation (5G) Mobile Technologies", Congressional Research Services.

技術的美國及其他國家的企業販售產品、軟體、設備給華為，造成華為本來重要的獲利來源如手機及筆電等部門基本上已無法營運。

除了華為，其他美國認為有國安威脅的，例如中興通訊、中芯國際，以及在其他領域中領先世界的公司如無人機公司大疆創新等數十家公司，都被美國制裁。這些公司的共同特徵是，它們都開始在世界嶄露頭角，開始對美國產業的領先產生重大威脅，例如大疆創新在未受制裁以前，擁有美國及加拿大三分之二的市占率。

打擊這些中國公司對美國及盟國有直接商業利益，因為它們的企業正受在全世界攻城掠地的中國公司嚴重威脅。若「抑中聯盟」沒有痛擊華為，易利信與諾基亞應該已經岌岌可危，不可能在歐美國家 5G 市場中大有斬獲。

所以，讓原有的「食物鏈」不受影響，是「抑中聯盟」成員認同的美國策略，只有在已無法挽回或持續打擊中國會影響自己的利益時才會鬆手。例如現在中國裝置在自製的窄體商用客機 C919 上的引擎，是美法合作的 CFM 公司開發的。2020 年川普政府一度考慮禁售 CFM 引擎給中國，

但很快便打消了這個主意。主要原因應該是中國極有可能在 2030 年可以完全以自製的飛機引擎裝置在 C919 上。如果 CFM 現在停止提供引擎，雖然會延遲 C919 完成飛行測試（如此一來 C919 當然也無法在國內外銷售），但是既然 2030 年時將無法再卡住 C919 的脖子（而且就算 C919 沒有 CFM 的引擎，也還是有較不合適的俄國引擎可以暫時替代），美法當然應該趁現在盡量銷售引擎給中國使用，獲得短期最大利益。

因此美國與「抑中聯盟」成員的主要利益交集在於從中國獲取最大商業利益，不殺雞取卵，但也不讓中國超前。這個原則正在地緣政治中展開，東北亞與東南亞是中國經貿發展的重要地區，韓國與日本都需要美國的國防保護，因此美國可以輕易左右這兩國的經貿政策。

日本是科技、經貿大國，與美國的利益交集高，所以在地緣政治的立場上可以較大膽地與美國口徑一致。2021 年日本官員在台灣問題與香港問題上的發言即與美國亦步亦趨，甚至提及如果中國攻打台灣，將會與美國一起協防。2021 年 7 月 29 日，日本前首相安倍晉三在參加由台灣、日本和美國

議員首次聯合舉辦的「台日美國會議員戰略論壇」時，於致詞中提及，日本、美國以及很多理念相同的國家，對於在維吾爾自治區、西藏所發生的事感到很痛心，對於香港的現狀懷有很大的憂慮，並堅定認為，在香港發生的事絕對不能在台灣發生。

安倍還支持台灣參與世衛組織，以及加入《跨太平洋夥伴協定》。他說：[26]

……個人支持台灣加入 TPP。遵守法規，維護國際秩序並強化相關的機能，個人認為 TPP 扮演的角色相當重要，……這三十年來，中國的軍事費用已經成長 42 倍，……我們必須超前部署，防範中國從空中、海上、海底不斷進行各種軍事挑釁。……要高舉自由、民主、人權、法治等普世價值的旗幟……。這個構想，聚焦在印太地區，第一，必須維護航行自由及法治體制，讓普世價值能更加普及、落實。第二，透過高品質的基礎建設，提升彼此的連結性，共同追求經濟上的繁榮。第三，包括協助提升海洋

法執行能力等在內，為追求和平、穩定共同合作，
並結合有志一同且共享普世價值的國家及人民，大
家共同攜手前進⋯⋯

　　安倍認為，只有執法能力足以支撐上述內容，各國應予
以支援。[27]

　　安倍的論調與美國如出一轍，也是「抑中聯盟」的基本
立場。公開的講法是南海必須維持自由航行，這點中國並未
公開反對過，但背後的動機是亞洲是未來全球經濟成長的重
心，歐美國家有太高的經濟利益在此，東南亞不能為中國所

26. 徐偉真，〈安倍演講全文／未來充滿挑戰　台灣有事就是日美同盟有
　　事〉，《聯合報》，2021 年 12 月 1 日，引自聯合新聞網：https://udn.
　　com/news/story/6656/5929292。

27. 中央社，〈指「台灣極為重要」　安倍晉三：香港發生的事不能在台
　　灣發生〉，2021 年 7 月 29 日，引自聯合新聞網：https://udn.com/news/
　　story/6809/5636204。

控制，否則中國取代歐美的可能性或速度將大幅增加。所以英國、法國、加拿大、澳洲、日本等國的軍艦不遠千里到南海參與美國主導的演習與常態巡航；美國與「抑中聯盟」的官員馬不停蹄地拜訪亞洲國家；美國把軍力從伊拉克、敘利亞、阿富汗抽調出來，全力應付中國。而歐盟早就在東南亞有極高的經貿利益，歐盟是 ASEAN 的第三大貿易夥伴（僅次於中國及美國），[28] 而且是 ASEAN 的最大直接投資者，截至 2020 年總金額達 3,136 億歐元。

美國幾乎在所有關鍵科技領域都大幅領先中國，理論上完全有能力在經貿方面打趴中國。布魯金斯研究院（Brookings）針對以下問題調查了 158 位美國、中國、歐洲、台灣、日本、韓國高科技公司資深高階主管的意見——2025 年時，以下科技領域中，中國公司在哪三項科技領域有機會居全球市占率的前三名？這些科技領域包括：電動車、雲端計算服務、工業物聯網軟體及解決方案、高端自動工業用電腦、量子計算、雲端及人工智慧開放原始碼架構、企業軟體、操作系統、類比及電源半導體、半導體化學、前沿半導體代工、半導體設備、中央處理器及繪圖處理器。

只有前兩項有超過半數受訪者認為中國公司有機會居全球市占率的前三名，而且幾乎沒有高階主管認為中國企業可能在半導體及操作系統領域裡領先。[29] 而這個調查尚未包括精密機械（包括機器人）、高端材料科學、生物科技等美國居大幅領先的領域。

　　所以美國還有很多重手可下，例如不讓微軟繼續服務中國客戶，[30] 或者不准任何廠商賣晶片給中國企業，中國的公私立

28. ASEAN 即「東南亞國家協會」（The Association of Southeast Asian Nations），簡稱東協。請參見：https://www.mofa.gov.tw/News_Content.aspx?n=1020&s=95763。

29. Christopher A. Thomas and Xander Wu, "How global tech executives view U.S.-China tech competition", Brookings TechStream, February 25, 2021, https://www.brookings.edu/techstream/how-global-tech-executives-view-u-s-china-tech-competition/.

30. John Xie, "China's Computers Run on Microsoft Windows: Are They Vulnerable to US Pressure?" *VOA News on China*, June 9, 2020, https://www.voanews.com/a/east-asia-pacific_voa-news-china_chinas-computers-run-microsoft-windows-are-they-vulnerable-us/6190826.html.

組織的營運將因之癱瘓。中國自己開發的作業系統只有不到1%的市占率，中國的晶片80%靠進口（尤其是高端晶片），套一句運動術語，這是中國迄今被壓著打，幾乎無力還手的原因。

中國只能被動接招，無法主動出擊。美國尚未出此重手的原因除了「抑中聯盟」的商業利益，也因其自身將因此損失慘重。2018年美國啟動貿易戰以來，儘管關稅大幅升高，2021年每月自中國的進口金額仍然與2017年類似，所以美國無法在短期內對中國下重手。

除了「抑中聯盟」成員不會認同，美國自己也將損傷慘重，此外還必須考慮其他國家對美國的信任感。以國家安全為理由禁止某些中國企業使用美國科技產品，已經使世界各國產生了極大的疑慮。全世界的供應鏈緊密連結，大家都依賴別人的支持才得以生存，例如台積電在晶圓代工領域雖居世界領先地位，但台積電使用的光刻機、晶片設計軟體、晶圓等都由其他國家提供，如果美國也對台積電禁運，台積電將頃刻崩潰。

其實地緣政治已經影響了台積電的商業判斷及營運決策。即使有成本及技術考量，台積電仍「受邀」到美國設廠；歐

盟也因擔心將來晶片斷供，要台積電去歐洲設廠；而日本也要台積電去日本設廠及設置共同研發中心。COVID-19疫情造成晶片供應吃緊，加深了這些國家對晶片供給的焦慮感，但是供應鏈會受地緣政治干擾已經被美國制裁中國企業而落實。美國的禁運嚴重擾亂了中國的全球供應鏈角色，也是2021年全球晶片短缺的原因之一。

美國也曾對盟國企業實施制裁，但都是特殊案例，且手段不脫課徵關稅、起訴企業主管、限制企業的財務活動等。對敵對國家如以前的蘇聯、俄國、伊朗、北韓、敘利亞、利比亞等國也實施過制裁，通常是因這些國家對美國採取敵對行動，或這些國家嚴重違反人權，或與美國國防與安全有關。當中最受美國眷顧的應該算是俄國了，美國也對銷售與國防及能源產業相關產品到俄國有諸多限制。[31]

---

31. "U.S. Sanctions on Russia: An Overview", Congressional Research Service, Updated June 7, 2021.

但是 2018 年美國啟動貿易戰時，中國並不是美國的敵對國家。美國一開始的理由是中國採取諸多不公平的經貿行為，接下來說中國是美國的威脅，到了拜登總統開始說中國是對手，但是未曾正式說中國是敵對國家，後來又強調中國的人權問題。以這些理由如此大規模針對沒有對美國採取嚴重敵對行為的中國及其科技企業禁止商業往來，是罕見的做法，對其他國家是很大的警訊。

盟國的自我省思

　　現代的世界各國連結密切，相互依存，大家早把自給自足的概念拋諸腦後，相信這是未來世界人類成長的路徑。中美開「戰」以後，中美「脫鉤」（decoupling）或世界會分為兩個陣營等說法甚囂塵上，這種突然的一百八十度轉變，已造成各國無法假設經貿關係的持續性。美國打擊中國等於丟給每個國家一個非常重要的問題：我是否有某方面的競爭優勢，使得其他國家投鼠忌器，無法任意打擊我？

韓國在這個問題上就有一個深刻的教訓。韓國自 2004 年起就在日本的出口白名單上，可以無須逐案向日本政府申請出口許可，迅速從日本進口敏感度高的高科技產品。[32] 2019 年，兩國因賠償二戰期間的慰安婦問題導致關係惡化，7 月份日本將韓國從白名單中剔除，震撼了韓國科技產業。韓國的重要科技公司，比如三星，必須從日本進口關鍵原料才能持續生產，被從白名單中剔除意味著進口項目可能被禁止或進口原料將曠日經久，儘管中、美居中協調，事件迄今仍未落幕。[33]

　　美國強打中國所產生的示範效果，會讓世界各國更從自己的比較利益去思考國家安全，除非願意接受較低的經濟及生活水準，全世界沒有一個國家能完全自給自足。當然，國家的經濟規模愈大，愈有可能自給自足，可是「抑中聯盟」

---

32. 中國大陸與台灣都不在白名單中。
33. https://en.wikipedia.org/wiki/Japan%E2%80%93South_Korea_trade_dispute.

成員中經濟規模最大的日本還不及美國的四分之一。日本對於美國結合歐洲盟國於 1980 至 1990 年代打擊自己的經濟發展刻骨銘心，看到美國打中國，除了因自身利益會有所附和，如何自立自強才是日本的思維重點，其他成員國顯然也會有同樣的焦慮。

為了維護自己的信譽，避免大家失去與美國經濟相互依存的信心，美國一邊打中國、一邊建立打中國的正當性論述。這方面中國顯然屈居下風。美國的策略是將中國塑造成一個不遵守規則而獲取巨大商業利益的國際成員、一個罔顧人權與民主的暴政、一個威脅區域穩定的侵略者。這方面美國非常成功，「抑中聯盟」成員國的人民對中國的好感度迅速惡化，達歷史新低。

例如 2021 年中，一項對 17 個先進國家人民所做的民意調查顯示，除了新加坡有 68% 民眾對中國具好感，其餘國家都頗為負面，多數只有兩、三成民眾對中國有好感。而且除了新加坡與紐西蘭，多數認為與美國友好比和中國維持關係更為重要。

對中國負面觀感加深有幾個可能原因。

其一是「英文」為世界通用的媒體語言，美國與盟友基本上掌握了全球性主流媒體，而近幾年西方媒體對中國頗不友善。

另一個原因是中國官員不諳西方媒體的操作，以強硬態度應對歐美政府、企業、公眾人物對中國的批評，採取抵制、封殺等作為，被標籤為「戰狼」外交，而中國也有向國內宣傳對「抑中聯盟」採取強硬態度的需要，培養同仇敵愾的民族心。

再者，民主國家人民的價值觀與中國的政治體制大相逕庭，習近平主政後加緊以黨領政及控制社會，在西方社會中極不討好。

外國人對中國的觀感迅速轉變，讓中國頗為意外，但這改變並非發生於一朝一夕。改革開放以後，西方對中國充滿好奇心，競相到中國遊覽、訪問、交流、經商，但中國人逐漸富裕後，在國外的行為舉止有時給人粗魯、驕傲、奢華的感覺。曾經有報導指出，聖誕節期間倫敦高級百貨公司的奢侈品銷售成績中，有一半是拜中國人光顧所賜。當西方漸漸感覺到中國的強勢，負面觀感油然而生，加上美國推波助瀾，終致一發不可收拾。習近平對此已有警惕，在 2021 年 6 月要

求官員以柔軟溫和的態度對外交涉。

　　儘管美國的宣傳戰占盡優勢，仍不能過度強打中國，除了不能罔顧盟友及自身利益與自己的國際信譽，中國的核子及傳統軍力不斷增強也讓美國頗為忌憚。一般咸認中國的軍力居美國及俄國之後，為世界第三強。儘管中國軍力在數量及質量上仍遠遜於美國，但已具備從陸地、空中、海底對美國本土實施核子攻擊的能力。一旦爆發戰爭，美國並無絕對把握能阻敵於境外。

　　美國自南北戰爭以後，從未在本土發生過戰爭。2001 年 9 月 11 日發生在紐約的恐怖攻擊，強烈震撼美國人心，美國因此在阿富汗及中東捲入許多衝突，希望對恐攻斬草除根。美國雖然斬殺了賓拉登，但耗費了大量物力及人力，死傷數千美軍，恐攻威脅卻仍未消失。所以美國的政治領袖不願意讓百姓產生軍事衝突可能在美國境內發生的擔憂。

　　綜觀以上因素，美國打中國的戰略目標是抑制中國的前沿科技進展，防止中國在地緣政治的影響力擴大進而收取經濟利益，同時要把中國框在美國訂定的遊戲規則裡。但美國會採取謹慎的逐步進逼做法，測試中國的忍耐底線。如果能

造成中國崩潰，對美國而言當然是最好的結果，但是造成世界動亂甚至核子戰爭卻是美國必須極力避免的。

至 2021 年中，中方仍被動忍受著美國的打擊，並無激烈回擊美國的動作。雖然高科技公司廣受美國制裁，但是中國不僅仍歡迎美國公司到中國做生意，還放寬其在中國經商的限制，例如讓外資可以全資全照在中國經營金融事業，並提供租稅優惠給在中國經營的美國公司（例如特斯拉）。不過中國也同時在做與美國打一場長期、激烈戰爭的準備。

第六章

中國，
全面啟動長期抗戰的準備

　　面對「抑中聯盟」所採取的策略——一方面願意繼續與中國做生意，但另一方面在科技與地緣政治領域抑制中國——中國迄今做了什麼？會做什麼？

　　中國了解美國的戰爭目標是壓制中國崛起，[1] 但是不願意與中國產生激烈衝突，也認知美國會在前沿科技與地緣政治方面壓制中國，尤其知道除非中國不尋求中華民族的偉大復

興夢，否則美國不會罷手。所以中國的戰爭目標是盡早達到能迫使美國停止壓制中國，從而尋求與中國合作的民族復興境界。

　　但是民族復興談何容易，一個強大的民族必須在經濟、軍事、文化上都強大。中國的經濟自宋代以後在世界上的相對重要性即開始走下坡。毛澤東過世那一年（1976），中國的經濟產出僅占世界的2.4%（1,539億美元／64,380億美元），人口卻占了22.5%（9.307億／41.35億）。儘管2020年中國的經濟體已經擴張到占世界產出的17.4%（14.72兆美元／84.54兆美元），而人口占18.1%（14.1178億人／77.9480億人），但仍比美國差得多。2020年美國的經濟體占世界產出的24.8%（20.93兆美元／84.54兆美元），而人口僅占4.2%（3.31億人／77.9480億人）。

1.　https://www.bbc.com/zhongwen/trad/world-58027208.

儘管已改革開放幾十年，中國仍百廢待舉

習近平的工作非常艱鉅，他接手的中國經濟已經從兩位數的成長率減緩到個位數，現在已經到了每年成長率目標為5～6% 左右——套句美國人喜歡的講法，可以說長在低處的果子（low hanging fruits）都已經被摘光了。

中國必須迅速迎頭趕上歐美科技

能與西方競爭的經濟需要前沿科技的帶動，中國在基礎科學、科技、工程、數學（STEM, Science, Technology, Engineering, Mathematics）、生物科技等領域都落後「抑中聯盟」，到處被「卡脖子」。如果中國學生不能到先進國家學習，精密機器與設備完全不提供給中國，先進材料、化學原料、藥品不賣給中國，高端晶片中國企業都再也拿不到，那麼中國經濟將無法進到下一個階段。

中國必須裝備進步國家的法治

中國的法治與先進國家仍有一段距離，在法律的周延、

公平及執行方面需要快速改善，而且法律必須能提供人民發展經濟的誘因，同時促進競爭。因此習近平強調法治，希望施政以法律為基礎，人民能受到法律保護。在他上任之後各單位即積極配合，國家法制化的速度極快。

但是有的立法受到國際社會嚴厲批評，例如為了處理香港反送中及港獨問題，迅速通過《中華人民共和國香港特別行政區維護國家安全法》（俗稱港版國安法）；為了反制歐美對於香港問題採取的制裁，通過《反外國制裁法》；而且在 2018 年的修憲將中國共產黨領導國家的文字納入。雖然憲法明定所有人都必須遵守法律，但共產黨基本上可以決定所有事務甚至詮釋法律，如何在共產黨有意達成某些目的的情況下，保障一切事務都能依法行事，是令人存疑的，這也是這次修憲的矛盾之處。

中國必須縮短貧富差距

中國現在為不均衡發展的社會，富裕人口的文明迅速進步，貧窮人口則觀念落後、生活水準低。2019 年北京市人均所得為 164,220 人民幣，但甘肅省只有 32,994 人民幣。貧富差

距太大會導致百姓產生不公平感，導致社會不穩定。

中國必須快速縮小私部門債務

中國企業在經濟快速發展過程中過度槓桿，債務過高，在 COVID-19 病毒肆虐時的經濟動盪期，倒閉風險特別高。例如中國第一大房地產開發商恆大集團是全世界債務最高的房地產開發商，也是中國債務最高的公司。恆大有超過 3,000 億美元的負債，於 2021 年陷入債務危機。其實不僅恆大，2021 年已有數百家中小型房企倒閉。

房地產在中國是大問題，不僅開發商倒閉可能產生系統性風險、買房民眾被「倒房」及就業等社會問題，由於房價太高，家庭房貸占可支配所得比例也可能會開始影響人民的正常生活支出。截至 2020 年底，中國的家庭債務為 GDP 的 62%，低於已開發先進國家，但高於新興國家，[2] 較 2008 年全球金融危機時高出 34 個百分點，為全球主要經濟體增速最快的國家。

而且年輕人的信用債務愈來愈高，信用卡透支餘額是美國的 1.5 倍，全國的信用卡債務達 8.2%，已高於美國及韓國。[3] 而

家庭債務為可支配所得的 131%，[4] 房貸占個人貸款餘額一半以上。不過中國的個人債務主要集中於高所得者，而且因為儲蓄率高，2016 年時手上現金與可支配所得比尚有 75.6%。整體而言，這個趨勢應當令人擔心，但仍不到風險很高的狀態。

中國必須立即縮小房地產泡沫

過去地方政府經常賣地籌措財源，因此有誘因讓房地產價格升高，但是高房價也是家庭負債居高不下的主要原因。[5]

---

2. "Box A Household Sector Risks in China", https://www.rba.gov.au/publications/fsr/2019/oct/box-a-household-sector-risks-in-china.html.

3. "What Investors Want to Know: China Household Debt", https://www.fitchratings.com/research/sovereigns/what-investors-want-to-know-china-household-debt-15-04-2021.

4. He Huifeng, "Could China's rising household debt threaten Beijing's consumer-led growth vision?", South China Morning Post, August 7, 2021, https://www.scmp.com/economy/china-economy/article/3144125/could-chinas-rising-household-debt-threaten-beijings-consumer.

5. 邱立玲，〈中國家庭負債沉重　每收入 100 元、拿 53 元還債　重演日本泡沫慘況〉，信傳媒，2019 年 7 月 30 日，https://www.cmmedia.com.tw/home/articles/16744。

深圳房價所得比高達 34 倍，遠高於台北的 16 倍。1990 年東京房地產泡沫破裂時，房價與所得比是 18.2，而當時日本人均所得已達 25,000 美元，是今天中國的 2.5 倍。2021 年時全中國的房價與所得比是 17 倍左右，英國只有 6 倍。[6] 遏止房價繼續攀升是中國政府的當務之急。

中國必須面對少子化的問題

中國的競爭力會與總人口數及適當的年齡層比例相關，2020 年時的生育率（Fertility Rate）只有 1.7，1970 年代末期一胎化政策開始時，生育率是 3 左右。日本與台灣的生育率更低，2020 年時分別是 1.36 與 1.184。日本在 1979 年及台灣在 1996 年時的生育率與 2020 年的中國大陸相當，之後逐年愈來愈低。日本 1979 年時的生育率是 1.8，國民所得是 9,100 美元，接近 2020 年時的中國狀況；而台灣在 1979 年時的生育率是 2.64，1996 年時降至 1.7，國民所得是 13,000 美元，略高於中國大陸 2020 年的水準。日本與台灣如果是中國大陸的前車之鑑，中國的生育率只會每況愈下。最近中國政府鼓勵婦女生二至三胎，不過大家都不看好。

中國要維持人口不降，生育率必須達 2.1 左右。老人化與勞動力減少是習近平必須面臨的問題。尤其美國 2020 年的生育率還有 1.79，與 1979 年比相差不大，而國民所得卻是中國的 6 倍以上。即使美國生育率不高，但由於美國是全球移民的首選目的地，人口仍持續增加中。如果中國的生育率繼續下降，對移民的吸引力又低，外移人數高於內移人數（而且外移人口高比例為富人及知識份子），不僅人口將開始下降，也不易塑造欣欣向榮的強國態勢。[7]

中國必須大幅改善社會安全網

　　中國的社會基礎建設持續進步，例如高鐵、公路、機場，

6. Fathom Consulting, "Chart of the Week: China's house-price-to-income ratio exceeds 17", June 22, 2020, https://lipperalpha.refinitiv.com/2020/06/chart-of-the-week-chinas-house-price-to-income-ratio-exceeds-17/.
7. Biao Xiang, "Emigration Trends and Policies in China-Movements of the Wealthy and the Highly Skilled", Migration Policy Institute, February 2016.

但是社會保險、醫療保險、醫療設施與水準、退休制度等都必須大幅調整。

以退休年齡為例，中共建立中華人民共和國時，人民的平均壽命為 40 歲，現在為 77 歲，到 2025 年，60 歲以上的人口將超過 3 億，約占總人口的五分之一。中國現行法定退休年齡是 1978 年定的，男性幹部與工人皆為 60 足歲，女性幹部 55 足歲，女性工人 50 足歲，所以政府已決定要逐步延長退休年齡，同時提高領取基本養老金的最低繳費年限。為了建立更完善的社會安全網，需要有更多的資金，但是要百姓多負擔又會引起民怨，兩者都是困難的。

中國當然還有許多經濟挑戰，以上僅為其犖犖大者，還有金融體系的效率性及透明度必須加強、智慧財產權的保護及執法公正性有待改善等問題。而極權政治對社會各層面創新一定會有影響，這也是中共一方面要積極維持社會穩定，一方面要促進創新的兩難之處。

中國邁向民族復興的唯一道路是經濟發展。一個真正有影響力的大國必須要文明與文化都有世界影響力，文明主要表現在經濟活動上，文化卻要靠經濟實力傳播。中國幾千年

不間斷之豐富及深厚的文化基礎是其優勢，但是必須靠經濟發展來推進文明與傳播文化。

美國自二戰結束後主宰世界經濟八十年，其語言、歌曲、電影、意識型態風靡全世界。中國大學生清晨在校園朗讀英文，畢業後最喜歡的留學地是美國，接下來便是留在美國工作，待下來之後把親人移民到美國；中國的高官及富豪也極力把子女甚至情婦送到美國。中美貿易戰開打之後，2019 年上映的電影《復仇者聯盟：終局之戰》還是讓好萊塢大賺，全球票房收入 28 億美元，其中僅中國的票房收入就超過 6 億美元。

中國也努力傳播中國文化。為了推動外國人學習中文及中國文化，中國在世界各地廣設孔子學院。但是美國開始打擊中國之後，以孔子學院是中國在海外的政治及情蒐機構為由，要求大學關閉孔子學院。而此時歐美國家人民對中國欠缺好感，中國文化的影響力正在下降中。如果中國真能做到中華民族的偉大復興，中國文化的影響力就會水到渠成。

為了抗衡美國，中國大力投資於國防，但是發展軍力是

一把雙面刃，適度投資有助於經濟發展，若窮兵黷武則會因資源誤用而傷害經濟。隨著改革開放，中國的軍事進步快速，雖然在質量上與美國仍有相當大的差距，但已算是世界第三大武力。中國的軍事在戰鬥機與直升機引擎、可應用於軍備的精密機械、高端材料、導航與電子設備、衛星通訊等方面有長足的進步，從太空船可以登陸在月亮的陰暗面及火星即可見端倪。

中國的軍力不可能迅速跟上美國，以航空母艦為例，美國有 12 艘，而中國 2024 年才會有 3 艘服役，到 2030 年才可能會有 5 艘。中國的軍力必須要隨經濟實力增強後才可能逐漸趕上美國，但是中國的軍事投入成本效益大於美國。美國 2021 年的國防預算是 7,000 億美元，而中國約為 2,000 億美元；美國的經濟規模是中國的 1.4 倍，但國防預算為其 3.5 倍。中國的某些軍事裝備已接近美國，例如中國有五代戰機殲 20，可以做到一定程度的匿蹤，可進行超音速巡航，有高度整合的航電設備，而且引擎可以自製——CP 值很高，未來會是美國軍火商的大競爭者。

中國仍問題重重、百廢待舉，「中華民族偉大復興」這

個目標必然與經濟發展密不可分，這個事實將導引施政方向。習近平明白退讓不可能改變美國的戰略目標及做法，因此將一直努力並堅持下列事情——雖然會隨美國的打擊程度與範圍動態調整戰術，但整體戰略不會輕易改變。

關鍵戰略——積極發展內需

　　積極發展內需市場是習近平最關鍵的戰略。中國為世界第一大貿易國，國際貿易對中國的經濟發展很有幫助，但是中國有 14 億人口，蓬勃的內需將是國家安全的最大憑藉。內需夠好才能降低對貿易的依賴，可以有足夠的市場規模以發展科技，也能吸引外資、增加就業機會，並帶給農民增加產出與改良農產品的誘因，可以增加政府收入、縮短貧富差距，可以……好處多多。然而經濟結構必須轉型，內需才可能成為經濟成長的支柱，中國正往這方向努力。

　　中共在發展內需方面的最標誌性政策為拉拔貧窮人口（脫貧）。政府在窮鄉僻壤鼓勵觀光、發展當地產業、提升當地

衛生環境，2020 年底以自訂的標準宣布全面脫貧。習近平經常到貧窮地區考察，調查研究脫貧進度，這是脫貧目標可以達成的關鍵因素。中國政府的脫貧策略包含了強化基礎建設（例如讓交通無礙）、鼓勵百姓自己掙錢、發展適合當地的產業，再加上政府的預算挹注。隨著低收入者所得增加，內需的力道會逐漸增強。

改革開放以後，社會觀念改變，願意讓某些人先富起來，但是這樣造成了貧富差距迅速擴大。1990 年代，中國各地開始調整基本工資，有助於減緩貧富差距的惡化。1980 年，中國全國平均工資為人民幣 762 元，1990 年為 2,140 元，到了 2020 年已達 97,379 元，40 年成長了 128 倍。[8] 中國政府持續敦促企業調薪，2020 年 5 月，國務院總理李克強在全國人大與政協兩會上說，全大陸有 6 億人，每月收入也就 1,000 元人民幣。他的這句話造成各省市爭相避免「低工資地區」標籤，竭盡所能調漲最低工資。

中國的高級消費品仍多為舶來品，奢侈品的品牌幾乎是外商的天下。如果消費者都買外國人生產的東西，內需市場無法扎根，也無法增加出口競爭力，因此政府積極鼓勵提升

國產品的品質。產品的品質與品牌價值息息相關，中國在企業市場、互聯網與電子商務方面的品牌發展神速，這些是所謂的 B2B 及平台（platform）的商業模式，例如百度、騰訊、阿里巴巴、滴滴、抖音、華為、大江等，不勝枚舉。

所謂的全球性消費者品牌已開始出現，例如小米、海爾。這樣的品牌很少，不過中國消費產品企業的全球化頗有潛力，例如海爾 2020 年的營收有 48% 來自海外，在全球擁有 14 個研發中心、122 個製造中心、108 個營銷中心，並在海外擁有將近 13 萬個銷售網點；[9] 而小米的總營收已有一半來自海外。

要成為全球性消費者品牌，並且被認為是國際頂尖產品，是非常艱難的，中國還沒有這樣的品牌，必須再假以時日才能

8. https://tradingeconomics.com/china/wages.
9. https://finance.sina.com.cn/tech/2021-04-02/doc-ikmyaawa4223658.shtml.

達到這個目標。聯想的個人電腦勉強可算是一個頂尖消費者品牌的例子,市占率全球第一,也是國內第一,但這極大部分是受了早期買入 IBM 的 ThinkPad 品牌的助益。中國當然還有完全本土孕育、在國內已頗具優勢的品牌,例如箭牌衛浴的國內市占率略高於 7%,雖輸給科勒(Kohler)及 TOTO,但已逐漸能攻城掠地。

為了改進產品品質,政府提倡品牌,並以 5 月 10 日為中國品牌日,大肆宣導品牌。李克強指出,加強品牌建設、提升品牌影響力和競爭力,是優化供給、擴大需求、推動高品質發展的重要舉措。基本上要「企業奮力創建品牌,政府積極支持品牌,中介機構熱情服務品牌,消費者自覺關愛品牌」。[10]

消費與品牌是終端市場,屬於整體國家經濟與產業的最下游,一個完善的內需市場必須有上游的研發、設計,到中游的原材料、製造、物流的供應鏈,才會有堅實的品牌與消費市場。改革開放後,中國企業偏重於製造環節,現在被美國「卡脖子」,加上打不過歐美品牌,中國政府決心要在上游與下游努力。要建置各產業的完整供應鏈,基本上要有自

主智慧財產權，替代落後的生產環節，能生產高附加價值產品（如更精密的元器件），以及將成本降得更低。[11]

　　所以中國政府非常重視基礎科學與應用技術的研究，希望兩者互為因果及互補。也因此 2020 年，中國政府投入 1.4 兆人民幣（相當於 6 兆台幣）的經費給大學，希望大學與企業合作研發。[12] 大學的資源除了政府經費，還有企業與大學的產學合作項目，中國企業與大學合作密切，而且大項目捐贈屢見不鮮。例如華為 2020 年將「鴻蒙生態菁英班」放在西北工業大學，當時引起了不少為何不選擇與清華合作的討論。

---

10. 〈從產品到品牌，中國品牌如何推動經濟高質量發展？〉，《中國訪談》，2021 年 5 月 18 日，請見：http://fangtan.china.com.cn/2021-05/18/content_77507705.htm。

11. 洪銀興，〈促進創新鏈與產業鏈深度融合〉，《光明日報》，2020 年 10 月 20 日。

12. https://www.statista.com/statistics/1098736/china-public-spending-on-tertiary-education/.

西北工業大學與華為一樣受到美國制裁，教師與學生不可以到美國做研究。而傳統名校如清華的高材生有很高比例到美國留學，學成後高比例留在美國工作，現在美國 AI 領域的高端人才中有 27% 來自中國。中國的大學研究品質一直提升，培育出來的高等科研人才數量也不斷增加。

人才必須有出路，蓬勃發展的商業環境是最好的去處，改革開放後的高速經濟發展吸引了許多海外遊子歸國。隨著經濟成長率緩降，中共的「十四五規劃和 2035 年遠景目標綱要」裡強調「激發各類市場主體活力，提升企業技術創新能力，堅持推動高品質發展」。

經濟發展基期低，成長率高時，機會到處都是，人才供不應求；當經濟需要高品質發展，但成長率低時，經濟體就需要高創新能力，才能消化人才。如果過去四十年算是中國經濟的草莽發展期，那就像一個新創事業，由於資源不足，很多做法都是急就章或便宜行事；公司沒有制度，大家靈活辦事，只求趕快把產品做出來。

如果草莽期生意好，就有一段高速成長期，這時候大家忙著做生意，無暇顧及制度建立及企業永續。但是快速成長

之後就會出現瓶頸，這時，如何建立制度管理一個日益成長的組織，同時產生創新，就變成一個大挑戰，能夠做到的公司才有辦法繼續成長。中國正處於這個階段，習近平必須迅速讓國家法制化，解決過去草莽期產生的副作用，建立一個廉能的政府以幫助市場有效率的成長，促進市場的競爭，管理風險，同時引進人才。

建立利於經濟發展的法治環境

習近平主政後積極建立法治，他在 2021 年 2 月表示：

我們黨提出「有法可依、有法必依、執法必嚴、違法必究」的方針，……不斷推進社會主義法治建設。……把「中國共產黨領導是中國特色社會主義最本質的特徵」寫入憲法，完善黨領導立法、保證執法、支持司法、帶頭守法制度，黨對全面依法治國的領導更加堅強有力。

我們完善頂層設計，統籌推進法律規範、法治實施、法治監督、法治保障和黨內法規體系建設，全面依法治國總體格局基本形成。我們推進重要領域立法，深化法治領域改革，推進法治政府建設，建立國家監察機構，改革完善司法體制，加強全民普法，深化依法治軍，推進法治專門隊伍建設，堅決維護社會公平正義，依法糾正一批冤錯案件，全面依法治國實踐取得重大進展。

⋯⋯推進全面依法治國，根本目的是依法保障人民權益。⋯⋯我國是單一制國家，維護國家法治統一至關重要。⋯⋯對一切違反憲法法律的法規、規範性文件必須堅決予以糾正和撤銷。同時，地方立法要有地方特色，需要幾條就定幾條，⋯⋯要積極推進國家安全、科技創新、公共衛生、生物安全、生態文明、防範風險、涉外法治等重要領域立法，健全國家治理急需的法律制度、滿足人民日益增長的美好生活需要必備的法律制度⋯⋯

數字經濟、互聯網金融、人工智能、大數據、雲計

算等新技術新應用快速發展，催生一系列新業態新模式，但相關法律制度還存在時間差、空白區。網絡犯罪已成為危害我國國家政治安全、網絡安全、社會安全、經濟安全等的重要風險之一。

……要用法治給行政權力定規矩、劃界限，規範行政決策程序，健全政府守信踐諾機制，提高依法行政水平。……推動形成全國統一、公平競爭、規範有序的市場體系。[13]

能促進經濟發展的法治必須有利於競爭並增進競爭誘因，這個部分中國在 2020 年開始「補短板」，[14] 一部分是學習美

---

13. 習近平，〈堅定不移走中國特色社會主義法治道路　為全面建設社會主義現代化國家提供有力法治保障〉，《求是》，2021 年 2 月 28 日，http://www.mod.gov.cn/big5/topnews/2021-02/28/content_4880096.htm。
14. 大陸用語，意思是把不足及落後之處補起來。

國的反托拉斯精神，另一部分參酌西方風險管理及公司治理的理念。中國在這方面的力道愈來愈強，一個可以適切反映政府此類思維及未來法治方向的例子是，螞蟻集團原本預計於 2020 年 11 月 5 日在上海與香港上市，卻於上市前三天突然被中國政府叫停。

螞蟻是中國金融科技先驅，也是全球規模最大的金融科技公司，如果成功上市，據估計市值可能會高達三、四千億美元，高過許多全球銀行。螞蟻是改革開放過程中產業草莽發展的縮影，具重要的時代意義，但是隨著社會從草莽過渡到更有秩序的發展階段時，被迫必須調整。

在經濟發展初期快速成長時，民間亟需資金周轉，但是國有銀行資源不足，且因為沒有能力區分借款者的還款能力而不敢放貸；而民營銀行家數很少，因此民間無法從正常管道融資。在這種情況下，不受政府監管的融資管道——高利貸——應運而生，影子金融市場和 P2P 個人借貸平台蓬勃發展，但未受適當監管，容易產生弊端，使參與者受害。

螞蟻為了滿足這種私人借貸需求，將金融科技結合特殊的商業模式，形成一個非常具創新性的生意。螞蟻的大股東

是阿里巴巴，以 AI 等技術創造「芝麻信用」區分顧客的信用等級，設計「支付寶」做為顧客的支付工具，另外創造「餘額寶」，讓顧客存放現金，類似購買一個貨幣市場基金，卻可以拿到 6% 的利息。

蟻以「花唄」創造信用卡功能，讓顧客在阿里巴巴的淘寶、天貓上購物；以「借唄」做為小額信用貸款，顧客申請到的額度可以轉到「餘額寶」。螞蟻最初的資本額只有 38 億人民幣，將「花唄」及「借唄」產生的債權經由資產證券化讓阿里巴巴集團內的機構、投資人及金融機構持有，產生新的借貸資金，所以槓桿很大。2020 年的上市招股書記載放貸總額高達 2 兆元人民幣，占中國短期消費信貸市場份額近四分之一。[15]

---

15. 呂宗耀，〈從螞蟻 IPO 破局解讀全球經濟：新興亞洲市場將成主流〉，《今周刊》1253 期，https://www.businesstoday.com.tw/article/category/183017/post/202012230069/。

螞蟻還有群眾募資平台，旗下的股權眾籌平台「螞蟻達客」，是上海第一個獲得工商登記的股權眾籌企業，主要是為早期創業公司和投資機構提供股權投融資對接服務。螞蟻還有一個「相互寶」，是一項大病互助計畫，成員如遭遇重大疾病，可以申請最多 30 萬元人民幣的互助金，費用由所有成員分擔，共同承擔大病風險，基本上是一種互助保險。

　　螞蟻的小額放款業務利用客戶信用資料庫與大、中、小銀行於「聯合放款」市場上進行合作。而螞蟻還有「螞蟻財富」理財平台，連接金融機構、金融產品與投資人，透過提供金融科技服務與傳統金融機構合作。

　　傳統金融機構做的業務基本上螞蟻都做，但是螞蟻不受金融監管（金融監管的三大工具是資本額、特許業務與金融檢查）。螞蟻因此有巨大的競爭優勢，可以用低的出資做金融機構的業務，在業務上的創新又不受金融監管機構較保守的監管，同時沒有金融檢查。政府對螞蟻的了解遠不如對金融機構的了解。

　　尤有甚者，螞蟻非常龐大，是許多金融機構的銷售管道（例如放款、基金銷售等）及投資管道（例如購買螞蟻的證

券化商品），金融機構承擔風險而螞蟻賺取中介高額利潤，所以螞蟻也是一個系統性風險的創造者。

螞蟻的厲害之處在於把所有游離於監管體系之外、可能引發系統性風險和監管套利等金融問題的各類相關中介機構和業務囊括了。中國政府為了建立一個公平競爭、風險受到控管的金融體系，將把螞蟻當成金融機構（例如金融控股公司）管理，螞蟻必須要大幅增資，業務與其他金融機構一樣受到金融監管機構特許，同時受定期與不定期的金融檢查。

螞蟻的問題不過是中國草莽發展期的冰山一角而已，中國還有一個重要的公司治理問題，最近才剛開始處理。為了吸引外國投資人，同時規避政府的監管，中國許多企業都採用 VIE（Variable Interest Entity，可變利益實體，又稱協議控制）的治理形式，即公司是境外註冊的上市實體，與境內業務營運實體分離，境外上市實體透過協議方式控制境內業務實體，將境內營運實體的收入和利潤轉移到境外公司的境外投資人。因中國法規禁止境外投資者投資於相關產業，VIE 協助境外註冊中國企業在不違反內地外資股權限制的前提下，

分享內地業務的盈利。[16]

　　VIE的問題已逐漸浮出。2020年4月2日瑞幸咖啡（Luckin Coffee）向美國證券交易委員會坦承財務造假，於2019年偽造業績高達22億人民幣。瑞幸因在美國上市，這個詐欺案理所當然受到美國金融監管機構與司法機構的調查，2020年12月美國政府對瑞幸處以1.8億美元的罰款，瑞幸得以與監管機構和解。

　　瑞幸案凸顯了幾個問題，第一個問題是個老問題：中國政府不允許美國的審計人員到中國實體查證在美國上市的中國公司的財務及營運狀況。過去外資對參與中國企業的報酬很有意願，所以美國政府儘管與中國交涉多年無法得到圓滿結果，仍大規模允許中國企業在美國上市；而中國企業亦需要外資的資金與全球的關注，所以中國政府允許中國企業持續以VIE架構在美國上市。瑞幸案增加了美國與中國交涉的挫折感。

　　自從中美貿易戰開打，美國不希望美國資本幫助中國發展，開始抑制中國企業在美國上市，甚至以國家安全理由要求中國企業下市（例如中國的三大電信公司）。瑞幸案給美

國更好的理由和動機減少中國企業的上市。

VIE 結構造成中國政府無法有效監管中國企業在海外的上市，滴滴就是一個很好的例子。據媒體報導，中國政府希望滴滴延緩在美國上市，[17] 但是滴滴的股東仍決定如期於 2021年 6 月 30 日上市。7 月 2 日，中國網信辦與公安部、國家安全部等 7 個單位聯合進駐滴滴，展開網路安全審查 —— 這是中共國家安全部首次介入企業調查 —— 並停止滴滴新用戶的註冊，下架滴滴出行應用軟體。

中國政府不僅無法阻止 VIE 企業赴海外上市，公司犯罪之後也無足夠法制處理。2020 年 9 月 18 日，中國市場監管總局以不正當競爭為違法行為的理由對瑞幸咖啡（中國）有限

---

16. https://service.hket.com/knowledge/2152560/.
17. 〈中國將收緊對境外上市公司的監管規定〉，端 x 華爾街日報，端傳媒，https://theinitium.com/article/20210711-wsj-china-targets-firms-listed-overseas-after-launching-didi-probe/。（文章標題原文：China Targets Firms Listed Overseas After Launching Didi Probe）

公司、瑞幸咖啡（北京）有限公司、北京車行天下諮詢服務有限公司、北京神州優通科技發展有限公司、征者國際貿易（廈門）有限公司等 5 家公司做出行政處罰決定，各處以人民幣 200 萬元罰款；也以類似的理由處罰另外 45 家涉案公司，金額共計人民幣 6,100 萬元。中國政府認為，瑞幸的虛假交易讓公司獲取了競爭優勢，透過虛假交易等方式製作虛假業績並對外宣傳，是不正當競爭行為，且相關第三方公司存在幫助虛假宣傳的不正當競爭行為。

中國政府迄今僅能以不正當競爭為由做行政處分，未對相關涉案人員發起刑事訴訟。在〈關於依法從嚴打擊證券違法活動的意見〉的詳細聲明中稱，將修改國務院關於股份有限公司境外募集股份及上市的特別規定，明確境內行業主管和監管部門職責，加強跨部門監管協同。

瑞幸及滴滴都是以中國為主要營運地的企業，政府無法審核海外上市，產生了重要的政府治理及公司治理問題。中國政府認為滴滴掌握中國許多牽涉國家安全及個人隱私的大數據資訊，滴滴蒐集上億客戶的臉部辨識、地址、交通、財務、照片、居家、辦公等所有資訊，在海外上市有可能被外國政

府或企業獲得這些資料。

在公司治理方面，世界各國政府對於上市公司的監管主要依賴交易所。基本上，主管機關授權交易所監管，防止上市公司做出損害投資人及其他利害關係人（例如顧客與供應商等）的事情。上市與營運分隔兩地，造成營運地的主管機關沒有足夠的監管，而上市地的主管機關對於營運地不熟悉，而且也無營運地的司法管轄權，鞭長莫及，不易發生作用。加上中國政府不願充分配合美國政府，讓美國審計人員能獲得充分資料或赴中國查帳，以致監管在美國上市的中國公司變得幾乎不可能。

兩國政府都在改善這個狀況，美國政府已要求在美上市的中國公司必須在三年內同意提供監管部門要求的資訊，否則必須在美國下市；中國政府則透過資訊安全相關法律，並要求符合標準的VIE公司必須經過政府審批才能於海外上市。兩國新的監管趨勢產生的壓力，造成滴滴於2021年12月宣布將自美國下市。

從草莽過渡到符合先進國家的典章制度是艱辛的，必須要有兩個客觀條件支撐：(1) 社會足夠穩定，允許有秩序的轉

型；(2) 人民必須相信政府轉型的目的是為了人民，而且政府能清廉有效地規劃與執行轉型。

習近平在各種不同場合強調官員及黨員（兩者幾乎完全重疊）的忠誠、清廉，要求大家以提升及保護民眾權益為施政的目的，同時要不停反省，找到好的方法施政。自從習近平上台之後，貪腐官員被懲治的案例一直不停發生並不斷被傳播，目的在提醒官員清廉的重要性，以及讓百姓看到建立廉潔政府的決心。

習近平強調中國共產黨必須持續領導（即一黨專政），國家才能穩定進步。他拒斥美國式的民主，讓中共領導國家入憲；他強調中國要有符合自己國情的政治制度，亦即具有中國特色的社會主義制度；他還認為與美國的競爭就是一種制度的競爭——關於制度的競爭這一點，拜登和他看法一致。

想要持續發展經濟、改善人民生活，先決條件是社會維持穩定。維穩是他落入歐美國家口實的主要問題之一：為了防範新疆動亂，他大規模嚴格監視與限制維吾爾族人的活動與工作；因應香港的大規模反送中抗議，他迅速通過港版國安法，拘提與起訴香港支持民主與獨立的人士，並解散他們的組織；

他還改變香港的教育內涵，強調愛國主義與中國歷史。

西方媒體不理解為何習近平嚴厲阻絕 COVID-19 疫情蔓延，甚至有人建議可以考慮與病毒共存即遭輿論圍剿，中共同時懲治控制疫情不佳的官員，作者相信，原因是中國的醫療水平與設施遠不如美國，如果像印度一樣讓疫情蔓延，醫療體系不勝負荷崩潰了，所帶來的社會動亂及民怨將難以想像。

中國必須迅速降低經濟體中的風險，否則將被迫經常到處救火，無法有一個穩定的經濟成長環境，就像突然必須要處理螞蟻金融與滴滴的問題。現在中國有非常高的企業負債風險，必須經由消除道德風險（Moral Hazard）、提高經營紀律達成，道德風險指的是，如果企業預期出了問題之後能因政商關係受到紓困，就會過度承擔風險，導致缺乏經營紀律。中國有的企業規模太大，與經濟體內的許多其他企業有負債與資金往來，如果倒閉將產生連鎖效應，因此有大到不能倒（Too Big To Fail）的顧慮，政府必須明確讓企業知道這類道德風險是不允許存在的。

2021 年上半年，中國的公司債違約創歷史紀錄，高達 180

億美元，[18] 當中 40% 屬國營企業債務，表示中國政府比較願意讓企業倒閉，而且國營企業也無法倖免。但是讓企業倒閉也有風險，太多可能產生系統性風險，引發其他沒問題的企業出問題，太少又達不到提升經營紀律的效果。

經濟好的時候比較可以放手讓企業倒閉，偏偏這時經營差的企業也比較能存活；經濟差時讓這些企業倒閉正是時候，但是系統性風險又高。一個折衷的解決方案是由政府在經濟好時儲備資源，在經濟差時出手讓好公司接手壞公司，讓倒閉公司的經營者離開，也讓投資人承擔損失。另一個方法是讓債權人與債務人協商，產生一個雙方能接受的解決方案。

中國政府已經悄悄在進行降低槓桿風險的各種作為，例如：中國地方政府舉債做公共建設的支出並未列入資產負債表中，造成所謂的隱藏債務（Hidden Debt）。中央已經要求地方政府將這些負債列於資產負債表中，而且有別於過去僅重視地方經濟發展，現在地方官員的考核與能否有效處理債務連結起來。因此地方政府已經開始以新融資清償舊的隱藏負債，提高了債務的透明度。2021 年上半年，中國的總負債占 GDP 比例從 269% 微幅下降至 264%。

中國的債務處理流程也在進步中。2010 年以前，債務協商的法律程序冗長，動輒長達五年以上，現在只要 12 ～ 30 個月即可完成，大幅降低了協商的不確定性。而政府在處理債務的過程中也要投資人及經營者付出相對代價，例如上市的華融資產管理公司的大股東為財政部，但還有其他包括外資的股東，在政府注資 500 億人民幣後，財政部將股權移轉給一家國有企業集團。

華融是為了處理 2008 年全球金融危機產生的壞帳問題而成立的，華融的商業模式是向銀行購買壞帳後再將其處理掉以獲利。但是後來主事者犯了收賄等罪行，2021 年 1 月董事長賴小民因收賄 17.88 億人民幣及其他罪行而被處以極刑。2021 年第一季，華融因無法公布財務報表陷入財務危機，市場擔心它發行的公司債會違約。華融 2020 年虧損了 159 億美

---

18. Yuta Koga, "China's bond defaults hit record high of $18bn in first half", CHINA DEBT CRUNCH, Nikkei Asia, July 9, 2021.

元，經營權換手後將瘦身，原股東會承受虧損；截至 2021 年 8 月，華融的股價已跌了六成以上。[19] 拯救華融凸顯了中國想降低債務風險的困難——為了擔心系統性風險而無法讓華融這類大型國營金融機構違約。

中國政府處理恆大集團也是在如何避免道德風險及系統性風險間權衡。恆大的主要業務是地產開發，但跨足眾多領域，例如新能源汽車、旅遊、體育、金融等。恆大集團以預售屋取得的資金及借貸快速擴張，2021 年出現財務問題時的總負債達 880 億美元，9 月份開始無法支付債務利息。

迄本書截稿時，中國政府除了要國企購買恆大投資盛京銀行的部分股權，籌到 15 億美元，仍未明確表態將如何處理恆大的問題。作者判斷，中國政府會要確保預售屋買主的權益，同時讓債權人及股東承受損失。

鼓勵創新創業，以共同富裕為目標

為了促進經濟發展，創新與創業家精神是必須的，在習近

平的心裡，這與社會主義要達成的「共同富裕」相輔相成，[20] 要讓一些人先富，其他人才富得起來，而且不需要大家一樣富有，只要賺錢的方式合法，有能力的人可以比別人富有。政府要創造環境讓大家都能經由努力而致富，同時要建立機制讓富有的人願意分享。

因此，儘管創業家精神與傳統共產主義格格不入，而且習近平強調以公有制為主體，多種所有制（包含私有制）經濟共同發展，中國卻極力鼓勵創業。在草莽發展時期，創業家有時必須依賴關係，以行賄打通政商關係是慣常的手法。在中國大陸各級政府給予某些企業特別權利經營某種事業是

19. "China Huarong Gets State-Led Bailout After Record 2020 Loss", https://www.bloomberg.com/news/articles/2021-08-18/china-huarong-to-approve-overdue-2020-results-on-aug-28.

20. https://m.toutiaocdn.com/i6997567116522258976/?app=news_article×tamp=1629262761&use_new_style=1&req_id=202108181259210101502231655B0502BE&group_id=6997567116522258976.

司空見慣的事，但是隨著經濟要更上層樓往高品質發展，必須創造一個公平競爭又有誘因的新創環境，才有可能讓有能力的人以公平競爭的方式勝出。競爭能讓強者愈強，但是依賴政商關係的經商環境會抑制良性競爭。

在中國有七成的人認為創業是個好出路，而且創業家在社會上受到尊重。但是想創業的人正在減少中，許多人害怕創業失敗，女性創業也在降低中。[21] 有幾個原因可能造成這種現象。

在草莽期機會多工作少，許多人創業是因為沒工作被迫使然。經濟體較成熟後，由於競爭激烈，創業失敗機率變高。加上企業體比以前多，提供許多工作機會，人們不需要創業就有飯碗可捧。尤有甚者，現代企業對專業經理人需求孔急，待遇比從前好很多——創業成功的最基本因子是適合創業的個性及能力，很多人不適合創業，卻是很棒的專業經理人（所以中國的獵人頭公司正蓬勃發展）。

因此，政府必須有一個平衡的政策：為大家創造機會，鼓勵大家創業；同時最好是由市場決定哪個創業能勝出，而非靠政府補貼，政府補貼太多會造成社會資源過度導引到也許原本不應創業的地方。中國各級政府對創業者有各式各樣

的補貼，琳瑯滿目，就如中華人民共和國中央人民政府《最新創業政策集錦》（2020年版）所述，[22] 希望藉人民的創新與創業發展經濟。

　　孵化器及加速器就是比政府補貼創業者更適合的機制。孵化器提供新創事業一個發源的基地，並且輔導創業者將新創想法落實。如果創業家有好的進展，孵化器會給投資者資源，幫助企業成長。

　　加速器類似孵化器，主要在幫助已經成立並且有初步成果的新創企業加速成長。孵化器與加速器的重要市場機制是：被輔導的企業是經過篩選的，而且必須經過層層檢驗才可能

21. Qihai Huang, Xueyuan Liu and Jun Li, "Contextualization of Chinese entrepreneurship research: an overview and some future research directions", *Entrepreneurship & Regional Development*, Published online: 09 Sep 2019, Pages 353-369.

22. http://big5.www.gov.cn/gate/big5/www.gov.cn/fuwu/2020-10/16/content_5551698.htm.

得到投資人的青睞。

　　現在中國的孵化器及加速器林立，李開復的創新工廠就是一個著名的例子。在政府的支持與補貼下，截至 2018 年，中國大陸共有 4,849 家孵化器、6,959 個共創空間，成為創業生態圈的催化劑與養分。

　　中國有一種產業孵化器，在政府扶持下由大型企業主導運營，並由政府提供服務。這些大型企業可以經由這個機制找到新的發展機會，與自己的資源結合，做法似乎比美國的企業創投（Corporate Venture）更積極一些，因為這種產業孵化器除了提供新創事業空間，也適時提供資金。目前這種產業孵化器還在摸索發展階段，尚未蓬勃發展。

　　為了中華民族的偉大復興，中國在法規、政府治理、人才培育、競爭環境、社會穩定及公平、經濟風險及創新創業等方面迅速調整體質，希望擴大內需，而且有高品質的經濟成長。這些是習近平的既定政策，本來就會執行下去，並非是針對中美戰爭設計的。但是美國的各種抑中作為卻大幅升高了中國的迫切感，中國被迫加緊在半導體、精密機械、生物醫學的領域方面補足短板。在這個過程中，美國將會因不

提供相關產品與服務給中國而遭受商業損失。同樣地，中國也會因為美國的各種作為而受到抑制，短期內會呈現雙輸的局面，但長期將會是雙贏的結果。

雙贏的中美戰爭

本書以不少篇幅說明美國強大的原因，其競爭基因瀰漫於法制、社會、商業、教育及其他所有部門。美國已經因為視中國為重大威脅而砥礪自己：要在科技方面維持領先、要控制攸關國家安全的供應鏈、要大幅投資基礎建設、要持續吸引全球優秀人才移民美國等，這些都會幫助美國維持強大。而因為美元在可預見的將來仍將是世界各國的準備貨幣，美國抵禦地緣及總體經濟風險的能力遠強於其他國家。

但美國也是個務實的國家，美國人民的安全與生活是美國政府最重要的決策因素，如果美國無法長期抑制中國，或者因此長期遭受重大損失，美國會靈活調整中國政策。

本書也以不少篇幅說明改革開放後，中國社會與民情產

生了絕對的改變。中國人民渴望生活改善，致富是普遍的夢想，並且因民族復興而驕傲。中國共產黨雖然一黨專政，但很清楚地認知到，經濟發展的良窳將是中共能否長期執政的權力基礎。中美兩國政府都會以人民的經濟福祉為施政依歸，因此中美的競爭將會是經濟表現的競爭，而這方面，中國很有機會表現。

中美的經濟戰爭類似企業間的競爭。企業戰場常看到競爭者之間的競合關係隨環境而改變，共同在商業生態環境中長期共存。就算競爭激烈，除非倒閉關門，不然回春的速度都可以很快。例如可口可樂與百事可樂長期激烈競爭，但兩者都存活得不錯。

企業間的競爭，主要目的是維持自己的競爭優勢，並非絕對必須致對手於死地，自己才能生存。美國並沒有要占領或毀滅中國，美國的策略目標是延緩中國的經濟成長與科技進步，手段則包括：以關稅逼迫中國減少出口到美國、迫使在大陸設廠的廠商移出中國生產、封殺中國科技公司的海外市場、防止美國科技輸入中國、以關稅壓力要求中國多買美國的商品，以及積極要求其他國家與美國同一陣線對付中國。

這些做法與企業間的競爭方式類似：關稅是一種價格競爭，逼迫廠商移動是一種供應商的調整，封殺市場類似企業遊說政府防止外國廠商進入本國市場競爭，防止科技輸出則是保護智慧財產權。地緣政治壓力例如在台灣海峽及南海強調自由航行權、支持香港的反送中運動、賣武器給台灣等，都可以增加中國處理內政與經濟問題的複雜度，減緩中國經濟成長的速度。

競爭讓企業進步，能愈挫愈勇的企業有下列特性：領導人有強烈的企圖心與規劃整合能力，企業內有豐富的公平競爭文化、有完善的組織及制度提供誘因促進創新並提升效率，能夠培養並吸引人才，具備眼光在有潛力的市場中經營等。美國就像這樣一個企業，擁有傲世的競爭環境，因為制度的健全，美國的領導人即使平庸，整個國家也有了不起的集體智慧與能力。

中國沒有美國那般成熟的企業條件，但就像一個正在崛起的中小企業，處於奮進的草莽時期，組織與制度都尚在蛻變中，並且剛好身處一個廣大、具無限潛力的市場，高成長誘因使人才積極往這個市場集中，競爭不受章法約束，但每

個人機會無窮。

　　跟美國的領導人比起來，這種草莽企業型的中國領導人，對國家發展的影響重要許多，必須是一個強勢、有高度企圖心、視野寬廣、能掌控全局的人。弱勢的中國力爭上游，只要不死就會高成長；強大的美國因害怕被取代，會兢兢業業。中美戰爭的發展，輔以國家制度的適時演進，將會是一場雙贏的戰爭，中美之間彼此競爭也彼此學習，一同前進並逐漸趨於相似。

　　無可諱言地，中國的未來繫於領導人的程度遠高於美國。習近平的表現攸關中國的命運，基於本書的分析及以下的理由，作者相信，他成功的機會高於 50%。習近平像是中國傳統的政治家，他的談話與公開資料顯示，他以國家命運與百姓福祉為依歸；他生活簡樸，經常下鄉與民眾相處；他的施政極具前瞻性，掌握了國家進步的關鍵。不過可能是為了維持社會穩定，近年來中國的言論自由明顯限縮，另外，他修改憲法讓他將來可以續任國家主席這件事，也讓他飽受西方媒體及海外異議人士的批評。

　　如果中國經濟愈來愈繁榮，而美國又能體認以下現實——

(1) 不可能與中國全面衝突；(2) 維持世界穩定與美國的利益（例如氣候問題的改善）必須依賴大國之間的合作；(3) 美國的相對實力因其他國家崛起而慢慢減弱 —— 那麼美國就必須接受與其他大國共同協商交往的遊戲規則。

美國在近幾年之內仍會以延緩中國崛起為主要的策略目標，但是假以時日，美國會更願意與中國在平起平坐的多邊架構之下處理國際問題。那麼中國與美國未來的發展趨勢會是什麼狀況呢？我們在下一章揭曉。

第七章
中美競爭中的匯流

　　中美戰爭是個動態競爭的過程，兩國將因應對手的作為，隨情勢調整戰略與戰術，盡一切努力勝出。這種動態競爭亦是一個模仿的過程，學對手之長，補自己之短，同時善用自身長處，思索制勝之道。

　　中美都想獲勝，但作者已經分析，在長期的中美戰爭之後將是個雙贏的結果。如果中美雙方長期都無法戰勝對手，

經過相當程度的相互模仿、截長補短之後，在經濟、政治、社會制度方面中美將愈來愈像，這是世界之福，因為誘發兩國激烈衝突的因素，將因兩國的相似度增加而減少。兩國未來的發展方向會是什麼樣子呢？以下是本書給的答案。[1]

　　與中國相較，美國幾乎全面居上風，只有兩個方面美國很需要擔心。其一，如果中國愈來愈富有，而且做到習近平夢想的「共同富裕」，美國要說服世界「中國的制度是人類的威脅」將有困難，發動中美戰爭的正當性將消失。其二，如果中國真的和平崛起，像中共官方一再強調的，中國不干涉其他國家的內政，願意和世界各國共存共榮，以「一帶一路」等方式與全球增進經貿關係，同時隨著國家富裕而增加

---

1. 馬凱碩（Kishore Mahbubani）在他的著作《中國贏了嗎？：挑戰美國的強權領導》（天下文化 2020 年出版）中說，西方與中國之間正出現文明融合的強大動力，只要美國與中國不只注重歧異，也注重共同的挑戰與機會，就可能合作解決人類必須共同面對的問題（例如氣候暖化）。

對其他國家的援助；換句話說，中國不做老大，不常態性在世界各地出兵，美國將很難以現在的方式繼續影響全球。

趨向社會主義化的美國資本主義

貧富差距太大是美國社會一直存在的問題，民主與共和兩黨對於如何解決這個問題各有不同看法，但都知道這與選票息息相關。縮短貧富差距必須從幾方面著手：給極端弱勢無力解決自己問題的人（例如貧困兒童、無能力工作者）更多幫助、訓練可以學習的人高價值的工作技能、投資基礎建設（例如便捷的交通）讓各種人都有機會可以提高所得、投資對經濟發展及就業有幫助的部門、投資前瞻性的前沿產業（例如綠能及尖端科技）。前兩項與傳統的社會福利有關，後三項與政府的總體經濟政策有關，都牽涉政府的財政與貨幣政策及產業投資與補貼。

美國是個不折不扣的資本主義國家，私人機構提供幾乎所有的商品與服務：國防武器是由洛克希德及波音等營利機

構製造，國際太空站由美國所負責的一部分是由波音公司製造與維護，某些監獄是政府委託民間經營的，醫院基本上私營，連軍醫都是由政府委託醫學院訓練的。美國盡量讓私人機構從事所有的活動，除非有效率或國家安全因素考量，才會由政府擔綱。

政府提供的社會福利也經由私部門執行，例如 COVID-19 疫情期間的三次紓困方案，符合資格的美國民眾每人可以領到總額最高 3,200 美元的現金補助，這種財政紓困預算來自於政府，卻完全經由民營金融機構執行──紓困金由聯邦準備銀行經由金融機構存入民眾的銀行帳戶。這是美國政府利用財政政策刺激經濟的例子。

社會福利也是財政支出的一部分，通常直接嘉惠到個人；傳統的財政與貨幣政策則讓民眾間接受惠。一般而言，財政支出可以刺激經濟活動，例如造橋開路可以增加企業盈利與就業，同時促進許多經濟活動，這是傳統的財政政策；貨幣政策可以增加貨幣供給、降低利率，減輕企業與個人的負債負擔，增加投資與消費活動。美國的社會福利、財政與貨幣政策皆隨時間增加強度，一個主要原因在於經濟是選民投票

的重要決定因素。

2020 年總統選舉，經濟（79%）是最多選民關切的議題，其次是 COVID-19 疫情（68%）；[2] 2016 年最多選民關切的議題也是經濟（84%），其次是恐怖主義（80%）；2012 年與 2008 年也是一樣，經濟議題仍分別為 86% 及 87% 選民所關注。即使 2004 年世貿大樓恐攻事件以後，經濟仍與恐怖主義不分軒輊，同為選民最關心的議題。所以老百姓最關切的是生活，不論貧富，大家都希望生活更好，起碼不要變壞。

在貧富差距大的社會裡，經濟果實無法雨露均霑，必須輔以社會福利政策。傳統的財政與貨幣政策可以影響經濟，可是無法解決貧富不均的問題，這個現象在 COVID-19 疫情中更趨明顯。疫情期間美國政府以史上最大的財政支出，輔以利率幾乎為零的貨幣政策拯救經濟。這樣的政策施行下來，儘管 2020 年美國實質 GNP 成長率衰退了 3.51%，經濟表現仍是主要先進國家中最亮麗的，而且股市狂漲，標準普爾 500 指數總報酬率於 2019 年及 2020 年各漲了 31.49% 及 18.4%，但是貧富差距狀況卻急遽惡化。

美國的貧富差距讓左派參議員桑德斯（Bernie Sanders）

難以忍受，[3] 他說美國有 9,200 萬人完全沒有保險或者保險不足；低收入者的平均壽命比富人少 15 年；全國最富有的 1% 富人所持有的財產比其他 92% 的人的總財富還要多；1978 年 0.1% 最富有的人擁有全國財富的 7%，2019 年他們擁有全國財富的 20%。

現在最富有的兩個人，亞馬遜的貝佐斯及特斯拉的馬斯克，他們的財富比美國最低收入的 40% 人口的總財富還要多；考慮通貨膨脹對薪資的影響後，受薪階級每週的實質所得比四十八年前還少 32 美元，而企業執行長的所得是他們公司一般同仁的 300 倍。

---

2. "Important issues in the 2020 election", Pew Research Center, https://www.pewresearch.org/politics/2020/08/13/important-issues-in-the-2020-election/.
3. Bernie Sanders, "The rich-poor gap in America is obscene. So let's fix it–here's how", https://www.theguardian.com/commentisfree/2021/mar/29/rich-poor-gap-wealth-inequality-bernie-sanders.

桑德斯開出的藥方是大幅調升基本工資、讓勞工可以容易加入工會、提供全民健康保險、上大學免學費、增加企業及富人的所得稅、增加基礎建設投資、支持新能源產業。今天的美國社會並未照單全收他的建議，但是已經往這個方向走。

美國聯邦政府 2019 年的總預算 4.4 兆美元中有 56% 花在社會保障與福利相關支出，包括社會安全（Social Security）、醫療、最低生活保障等支出。[4] 而這個趨勢正在強化中，社會內部壓力迫使美國往更多福利支出的方向走，這是一種內部自己的拉力（pull）；另一方面，當中國正在努力改善貧富差距時，將給美國外部推力（push）增加福利支出。

美國可以被稱為是個資本主義福利國家，私人機構扮演非常重要的角色，尤其在醫療與退休福利方面。在美國，如果你有一個好工作，你的家庭幾乎擁有所有的重要福利：好的醫療保險、好的社會安全保障、好的離職金與失業保險金；如果沒有工作，自己要負擔很高的保險費，沒有社會安全保障，當然不可能一直領失業保險金。

美國這種由私人機構提供高比重社會福利的型態，相對於全球各國是很特殊的。美國早期由農業社會過渡到工業社

會，愈來愈都市化後，由農業社會家庭或者村民互相保障的狀況，變成個人需要政府幫忙，而美國企業也開始自發性地負擔員工福利，並感到自豪。

1930 年代的經濟大蕭條伴隨企業大量倒閉及勞工失業，造成私人機構無法負擔這種系統性風險，美國政府因此開始負擔更大的福利支出，例如 1935 年通過著名的《社會安全法案》，提供退休、失能等保障。之後美國政府提供的福利加廣加深，例如於 1965 年通過《聯邦醫療保險》（Medicare）及《醫療補助保險計畫》（Medicaid），分別提供健康保險給 65 歲以上的人及貧困的人。[5]

---

4. "Policy Basics: Where Do Our Federal Tax Dollars Go?", Center on Budget and Policy Priorities, https://www.cbpp.org/research/federal-budget/where-do-our-federal-tax-dollars-go.

5. https://webcache.googleusercontent.com/search?q=cache:84iZobD_bfAJ:https://www.ssa.gov/history/pdf/histdev.pdf+&cd=11&hl=en&ct=clnk&gl=tw.

美國人力資源支出（即花費在「人」身上的各項福利與保障）占聯邦政府預算的比重愈來愈高。1950 年代末為 50% 左右，最近幾年則占 70% 以上，尚不包含地方政府的福利支出。[6]

川普總統任內每年預算都膨脹，因為 COVID-19 疫情，他還簽署了兩次特別紓困法案，共 3.1 兆美元，提供人民現金、失業補助、企業補助等。

拜登上任後，馬上通過 1.9 兆的美國拯救法案，紓困範圍基本上與川普類似，但略為擴大。隨後又推出一個史上最大規模的 6 兆美元年度預算案，儘管有 3 兆美元的增稅收入，這個預算案仍會讓美國債務在 2035 年達到美國經濟規模的 117%。除了一般預算支出，該預算另外增加了對抗氣候變遷及擴大社會福利支出等新項目，包含免費學前教育、免費社區大學、因家庭或健康因素請假的補助、交通及網路基礎建設等。2021 年 8 月，國會又通過了一個 1 兆美元的基礎建設法案。

拜登曾說，這些重大支出主要是為了與中國競爭。的確，中國正讓美國感受到很大的壓力。習近平在 2021 年 8 月提出，

中國要以三次分配促進共同富裕。中國經濟學家厲以寧曾表示，一次分配是透過市場效率原則獲得報酬進行分配，二次分配是由政府依據公平原則透過稅收、社保支出等再平衡分配，三次分配則是在道德力量影響下透過自願公益捐贈調節社會財富。[7]

　　厲以寧講的就是美國資本主義運作的方式。美國鼓勵市場競爭，有本事的人即可致富，政府則經由稅收提供社會福利及公共設施；美國富人是世界的慈善楷模，最膾炙人口的例子是比爾‧蓋茲幾乎把所有的財富捐贈於公益事業，而巴菲特因信任蓋茲，也把大部分財產捐給他做公益。

---

6. https://www.justfacts.com/socialspending.

7. 吳介聲，〈重返共產？習近平提「共同富裕」，富豪捐款「效忠」的進行式〉，《聯合報》，2021 年 8 月 24 日，https://opinion.udn.com/opinion/story/120611/5695153。

中國其實就是學美國這一套，不過，如果中國青出於藍，產生了許多富人，社會財富分配得比美國公平，而富人也習慣捐贈，美國就會坐不住了。

　　中國富人早就有捐贈的傳統，樂善好施是中國文化的元素之一。例如春秋戰國時的范蠡，他輔佐越王勾踐臥薪嘗膽復國後，便辭官引退、周遊列國。范蠡善於經商，據《史記‧貨殖列傳》記載：「十九年之中三致千金，再分散與貧交疏昆弟。」

　　中國現代企業家已開始回饋社會，據《富比士》「2018中國慈善榜」顯示，2018年上榜的百位企業家捐贈總額為人民幣173.1億元，比2017年的103.8億元增加66.76％。[8]《富比士》2021年7月20日發布「2021中國慈善榜」，阿里巴巴創辦人馬雲以捐贈人民幣32.292億（約新台幣138億），位列中國慈善榜榜首。100名上榜的中國企業家（企業），現金捐贈總額為人民幣245.1億元，較2020年的179.1億元增加37％。[9]當然，這種捐贈金額與美國相比是小巫見大巫，不過，日益增加的捐贈極可能與習近平推動的共同富裕有關，在社會道德勸說的氛圍下，捐贈應會愈來愈多。

但是中國不會殺雞取卵。經濟發展是國家富強的唯一道路，所以中國政府不會課徵過高的所得稅或富人稅，也不會強力逼迫富人做不樂之捐。歐洲的社會民主主義國家由於稅負高，社會缺乏捐贈風氣，中國應會避免這個現象。如果不樂之捐過頭了，將抑制百姓致富的動機，也會逼迫富人外移，這些都會影響經濟發展，應非習近平所樂見。

　　中國是一個資本主義與社會主義混合的經濟體，如何在政府干預與市場機制之間取得平衡是基本的挑戰；而美國要讓貧富差距變小，同時要維持資本主義，也是美國未來的挑戰。如果美國要世人相信其制度比中國好，貧富差距大是必須解決的問題，「共同富裕」將帶給美國很大的壓力。

8.　〈中國百大慈善企業家　捐款年增 66%〉，《工商時報》，2019 年 4 月 6 日，https://ctee.com.tw/news/china/66899.html。

9.　〈富比士 2021 中國慈善榜　馬雲捐款 138 億元位列榜首〉，《自由時報》，2021 年 7 月 20 日，https://ec.ltn.com.tw/article/breakingnews/3610207。

美國已經愈來愈社會主義化，或者像有些人說的愈來愈歐洲化。現今各國多為混合式經濟，以自由經濟體制為主，輔以政府管制措施，因地制宜。歐美國家中社會福利支出占GDP的比例日漸增長，OECD會員國社會福利支出占GDP比例平均為20%，西歐及北歐國家社會福利支出占GDP的比例則在13%至31%之間。

美國與歐洲最大的不同在於美國幾乎沒有國營企業，但其民主政治、市場自由經濟體制、藉由財政政策進行所得重分配、以貨幣政策影響市場、透過社會福利制度改善人民生活並強調社會公平的策略，與歐洲的民主國家採取社會主義政策的經濟體是類似的。

美國資本主義的社會主義色彩與時俱進。1933年透過「羅斯福新政」走出大蕭條；1990年代柯林頓執政時期，民主黨開始朝向第三條道路（Third Way）移動的中間路線；歐巴馬時期的進步主義；現任總統拜登推出的各項經濟新政，都呈現了美國財政支出的社會主義化，提供更多社會福利，透過經濟及社會制度的干預手段，期望達到所謂的社會公平或社會正義。

COVID-19 疫情期間，美國的各種社會福利措施相較於歐洲國家有過之而無不及。COVID-19 疫情的推波助瀾是短期因素，但隨著美國資本主義社會日漸加劇的貧富差距，社會氛圍的改變將造成美國走向社會主義化。

許多美國千禧世代、Z 世代的年輕族群，初出社會時就背負學貸，對於貧富差距的感受更甚，因此對社會主義有相對較高的支持度。與極少數的極端富有者比較，中產階級覺得自己相對貧窮，因此美國的社會福利早已擴及中產階級，不再只局限於濟貧，自然也受到許多人民的歡迎。

同時，對於社會公平及社會正義的強調，讓減薪、裁員、改變工作條件等措施的施行難度提高。所以美國已經進入了更社會主義化的狀態，政府必須投入更多財政輔助措施，並將紓困範圍擴展到更多個人與企業，政府的財政負擔與債務將因而劇增，這是民主社會的宿命。在這方面，美國會愈來愈像社會主義的中國。

美國會有更多國家資本主義色彩

因為民間缺乏資金或是不願承擔風險，經濟發展較不發達的國家必須以國家資源發展產業；當這種情況變得普遍，政府控制許多經濟活動時，就被稱為國家資本主義。現在的中國就是這種狀況。

美國在 19 世紀初以補助運輸及設立國營銀行等做法幫助新產業形成。二戰期間經由聯邦政府採購、國家投入與補助科研、與私部門合作，發展重要的微電子及生物科技產業，這種做法延續至今，例如微軟於 2020 年與亞馬遜激烈競爭後拿到了價值 100 億美元的國防部雲端計算合約。

僅靠社會福利不可能解決社會問題，必須輔以適度的產業政策，擴大經濟的餅。美國不至於會像中國有許多國營企業，但將提供企業與產業更多補貼，產業政策將比從前更突出，對經濟的影響也更大。這點美國會更像中國，有愈來愈多的國家資本主義色彩。

白宮國家經濟委員會主席狄斯（Brian Deese）在 2021 年 6 月的一次演講中闡釋拜登的政策：美國要像中國一樣重視產業

政策，[10] 理由是美國的產業政策落後中國及其他友邦，造成產業空洞化。美國要有強韌的供應鏈，以政府資金連結創新、生產製造與就業，策略性投資於晶片、半導體的研究與製造；強調公私部門的協調與合作，幫私部門解決問題。COVID-19 疫情期間晶片短缺的問題，暴露了美國的供應鏈風險，並促使美國政府積極協助私部門解決問題，包括要台積電到美國設廠。

狄斯也提到美國必須在交通、寬頻、電力、人力資源等領域做一次大的公共投資，而且要像中國一樣做公共研究發展，政府承擔有重大外溢效果可全民共享而私部門誘因不足的研發，以及有重大風險私部門不願做的投資，政府研發與投資之後可以凝聚私部門資源的研發。

---

10. National Economic Council Director Brian Deese, "The Biden White House plan for a new US industrial policy", Speech at the Atlantic Council, June 23, 2021, https://www.atlanticcouncil.org/commentary/transcript/the-biden-white-house-plan-for-a-new-us-industrial-policy/.

美國政府也要以政府採購導引市場運作與政府的產業政策一致，同時幫助創業家降低開發產品的風險；美國的投入重點是與氣候變遷相關的產業，包括能源、電動車等；美國也要對弱勢的人及地區進行投資，讓大眾能分享經濟果實。

狄斯像不像在講習近平的話？

美國未來的地緣政治策略——「遠交近屏」

戰國時代，范雎向秦昭王提出「遠交近攻」的策略，親近遠邦，攻取近國。秦王採納之後，先與遠邦齊、楚維持良好關係，攻下鄰近的韓、魏，然後攻破趙國與燕國，接著占領楚國，最後打敗齊國，完成統一大業。

美國當然不會要併吞近鄰加拿大與墨西哥，或者夢想統一全世界。美國的國防戰略一向是拒敵於境外，在境外處理可能威脅美國的敵人。但是隨著美國控制世界局勢的相對能力下降，中國的和平崛起將讓世界看到另一個強國的世界治理模式。美國常態性在境外作戰與駐軍的模式將受到極大壓

力，對美國的國防會有很大的影響。美國會漸漸像中國一樣，採取「遠交近屏」的戰略，以鄰國做為自己安全的屏障，但與遠的國家結盟，管理地緣政治風險。

2021 年 8 月，美國自阿富汗撤軍，反映了美國的務實與地緣政治戰略的改變。布朗大學估計，美國在二十年間總共於阿富汗花了 2.26 兆美元，[11] 平均每一年超過 1,000 億美元；2020 年墨西哥對美國出口總金額為 3,300 億美元，加拿大對美國出口總金額為 2,860 億美元，以後從阿富汗省下的錢不僅足夠解決美國與加拿大和墨西哥的貿易爭端，還能讓這兩個鄰居非常樂於幫美國解決問題。

拜登總統上任後，墨西哥人以及從中南美經由墨西哥到美國邊境的非法移民的數目創下二十年來的紀錄，每月有 20

---

11. William Gittins, "How much did the US spend in Afghanistan?", August 17, 2021, https://en.as.com/en/2021/08/17/latest_news/1629157989_792727.html.

萬人被美國政府逮捕或驅離,美國必須靠墨西哥將這些非法移民阻絕於墨西哥邊境。過去美國與墨西哥及中美洲國家宏都拉斯、瓜地馬拉等國有關阻止非法移民闖到美國邊境的協議都不太有效果。

加拿大與美國關係密切,加拿大出口總額的 76.3% 是出口到美國,進口總額的 52.2% 是來自於美國;加拿大於 1957 年以後就在美國的北美太空防禦指揮系統中,並同為五眼聯盟與 G7 成員;長期與美國一起海外作戰,參與了阿富汗戰爭,共有 158 名加拿大士兵陣亡。但是 2020 年 10 月的民意調查顯示,[12] 60% 的加拿大人不喜歡美國,而且(雖然是少數)認為美國是敵人的人數也在增加,從 1% 增加到 10%。不過這個調查是在川普擔任美國總統時做的,那時盟國人民對川普的印象很差。

拜登了解川普對美國形象的負面影響,上任以後嘗試積極修補與盟友的關係。在他勝選前,歐洲的民調顯示,[13] 歐洲多數人認為美國的政治制度已經損壞了,歐洲的制度較好;拜登無法讓美國回到領導世界的地位,歐洲需要靠自我防衛,不能依賴美國。

川普經常要求北約盟國增加國防預算,歐盟已經朝這方

向走，不見得是屈服於美國的壓力，而是歐盟人民知道靠自己是必然的道路。歐盟國家承諾於 2024 年前，所有國家的國防預算都會達到 GDP 的 2% 以上，而現在北大西洋公約組織每年的運作預算 25 億歐元中，美國僅承擔 16.34%，與德國相當。[14]

當美國的盟邦愈來愈靠自己進行防衛，美國必須與盟友形成另一種合作關係，從現在慣於發號司令的狀態變成平等

12. Solarina Ho, "Canadians' opinions of U.S. drop to lowest level in nearly 40 years: survey", *CTVNews.ca*, Published Thursday, October 15, 2020, https://www.ctvnews.ca/canada/canadians-opinions-of-u-s-drop-to-lowest-level-in-nearly-40-years-survey-1.5146519.

13. Ivan Krastev and Mark Leonard, "The crisis of American power: How Europeans see Biden's America", *European Council of Foreign Relations*, January 19, 2021. https://ecfr.eu/publication/the-crisis-of-american-power-how-europeans-see-bidens-america/.

14. "Funding NATO", North Atlantic Treaty Organization, 13 Aug. 2021, https://www.nato.int/cps/en/natohq/topics_67655.htm.

互惠的關係，而且美國必須非常重視鄰國可以提供的屏障。美國現役軍職人員大約有 130 萬人，常駐海外 20 萬人，將來美國在海外的駐軍必然逐漸減少，而將移轉到本土或鄰近盟國。

2001 年在紐約發生 911 恐怖攻擊事件以後，美國常態性處於恐怖攻擊的陰影中。雖然美國因 911 進軍阿富汗，想剷除恐怖主義的溫床，歐巴馬總統也的確擊斃了賓拉登，但就在 2021 年 8 月，在美國於阿富汗打了二十年戰爭終於要撤軍時，又遭受了致命恐攻 —— 美軍在撤離美僑與盟友時，於喀布爾機場遭受攻擊 —— 總共造成 13 名美軍及近 200 位阿富汗民眾死亡。這個不幸事件象徵美國過去的方法並未解決美國的恐攻威脅；以武力處理威脅、強調自己的意識型態優越，反而增加了美國的敵人與威脅。

除了重視競爭，美國強大的重要原因之一是美國人的人道精神與政治制度。美國人願意幫助弱勢者，包括窮人、孤兒、婦女、被販賣的人口，無論這些人在世界上哪一個角落，美國人都願意奮不顧身前往該處擔任志工或者慷慨捐贈，例如蓋茲與前妻的足跡遍布非洲，設法解決非洲人的疾病與其

他問題。另外,美國也是全球領養國外小孩最多的國家,經常占全球領養總數的 50%;儘管中美貿易戰打得正酣,2019年美國家庭領養小孩的最大來源國仍是中國,共領養 819 個小孩,絲毫不受影響。[15]

皮尤(Pew)研究中心 2019 年的全球民意調查顯示,全球民眾對美國的觀感多數是正面的。[16] 就像拜登說的,美國要以身作則(lead by power of our example),而非以「力」作則(lead by example of power),拜登從阿富汗撤軍,也許即是拜登要美國以身作則的開始。當美國發現無法使中國屈服後,「遠交近屏」將是美國的新地緣政治戰略,美國將盡量在世界上化解敵意、多交朋友;而這也是中國處理地緣政治

---

15. International adoption, https://en.wikipedia.org/wiki/International_adoption.

16. "How people around the world see the U.S. and Donald Trump in 10 charts", Pew Research Center, https://www.pewresearch.org/fact-tank/2020/01/08/how-people-around-the-world-see-the-u-s-and-donald-trump-in-10-charts/.

問題的基調。這方面美國與中國也會愈來愈像。

繼續市場經濟化的中國社會主義

美國發起中美貿易戰的訴求之一，是要中國停止補貼企業或扶植國有企業，基本上就是要中國放棄國家資本主義。中國迄今堅持發展的「具中國特色的社會主義」，其實是一種政治極權與經濟開放並行的體制，和台灣在 1980 年代以前的情形及新加坡的政經模式相近。中國在政治上由中國共產黨極權領導以避免社會動亂，經濟上則採自由開放形式，要讓中華民族的偉大復興志業有強大的經濟力量支撐。參考台灣與新加坡的經濟與政治發展軌跡，可以預見中國未來的發展取向。

1986 年，台灣的工研院與荷蘭飛利浦共同出資成立台積電，「行政院國家開發基金」為第一大股東，占股 48.3%，荷蘭飛利浦占股 27.5%，台塑等七家私人企業占股 24.2%。今天台積電是全球最具競爭力的企業之一，如果當初沒有政府的

資金與政策支持，台灣不可能有台積電。如果當時多投資幾家像台積電一樣的高潛力公司以及衍生出的產業鏈，台灣經濟應該會比今天繁榮許多。台積電就是國家資本主義的一個例子。

1970 年，台灣的人均所得還不到 400 美元，之後二十年間快速增長，1990 年達到 8,000 美元，1992 年更達 10,778 美元，大概是中國大陸 2020 年時的水準。1990 年到 2010 年代初，台灣花了二十年的時間才使人均所得從 8,000 美元成長至 20,000 美元，之後又經過七至八年，共約三十年，人均所得才達到 25,000 美元，經濟成長率從 7% 降到 2 ～ 3%。

同時間，美國的國民所得卻從 25,000 美元提高至 60,000 美元。1980 年代台灣開始民主化，伴隨著 1999 年起推動公營事業民營化，至 2015 年已完成 39 家事業民營化（全部或一部分移轉民營），結束營業 17 家；目前尚有台電、中油、台糖、台水、台灣菸酒股份有限公司、台灣鐵路管理局及中華郵政等 7 家列於推動名單。[17]

---

17. 民營化推動歷程與成果，中華民國國家發展委員會，https://www.ndc.gov.tw/cp.aspx?n=F76D008BCCD327E4&s=855C223482EE983B。

1990 年以前,台灣的政經制度類似今天的中國大陸,政治上是國民黨的威權統治,經濟方面則是政府規劃指引、國營事業占重要角色的自由市場經濟。當時行政院經濟建設委員會每四年編四年期的國家(經濟)建設中期計畫,對政府資源投入及民間資金導引有重要的引導作用,現在基本上已無這樣的經建計畫。

　　中國大陸從改革開放到現在仍是由共產黨極權統治;政府每五年做一次經濟發展規畫;國有企業仍比民營企業占優勢,卻已經是市場經濟。2020 中國企業 500 強中,[18] 國有企業有 265 家,民營企業有 235 家,占比分別為 53% 及 47%,不過國有企業在收入及資產方面占突出地位,營收占比為 68.89%,淨利潤占比 64.51%,資產占比更達到了 82.97%,國有企業在規模上仍領先民營企業,但效率差許多。

　　台灣在威權統治時代經濟高速成長,但在快速民主化及民營化後,經濟表現即成為亞洲四小龍之末,大不如前了。中國大陸現在的經濟水準,以國民所得來衡量,恰巧與台灣成長大幅減速的始點相近,如果中國想跟上美國,台灣的例子可能反而加深了中共維持現行政治體制及國家資本主義市

場經濟型態的決心。另一個華人社會 —— 新加坡，倒是給了中國不少啟發。

中國極可能成為巨大的新加坡

新加坡自 1965 年建國以來，政治上即是極權政治，後漸漸形成威權民主，但基本上是一黨專政；經濟方面則是自由市場經濟與國營企業共存。新加坡經濟發展傑出，現在的國民所得與美國相當，而經濟與政治制度卻與中國頗為相像。

新加坡是一個位於東南亞的城市國家，19 世紀時受英國殖民，二戰時期受日本占領一段時間後回歸英國管理，後以

---

18. 〈2020 年中國 500 強企業分析報告：發展邁上新高度　國民共進開新局〉，國務院國有資產監督管理委員會，http://www.sasac.gov.cn/n2588020/n2877938/n2879597/n2879599/c15556421/content.html。

獨立城邦形式加入馬來亞聯合邦，復因種族及殖民地等問題產生的內部矛盾而被馬來西亞逐出，[19] 於 1965 年 8 月 9 日成為獨立共和國。

新加坡建國後積極尋求國際認同，同年 9 月加入聯合國、10 月加入大英國協，且為東南亞國家協會（東協）的創始國之一。由於有曾被英國殖民的歷史淵源，新加坡採議會民主制，即責任內閣制。[20] 自獨立迄今，人民行動黨長期執政，反對黨有工人黨、國家團結黨、新加坡民主黨及改革黨等，唯因各種司法程序及選舉制度不利於反對黨，實質上為一黨專政的局面，因此某些學者認為新加坡是「軟威權主義」政治。[21]

新加坡地處馬六甲海峽南端出口，是馬六甲海峽的咽喉、東南亞的中心，也是東亞和南亞的交會處，為往來太平洋和印度洋之間船隻的必經樞紐，具有無可取代的絕佳戰略地位。雖是無任何天然資源的蕞爾小國，卻憑藉著穩定的政經情勢、完善的基礎設施、高品質的人力資源、和諧的勞資關係，加以政府提供諸多優惠產業政策，對外資充滿了誘因。

新加坡有效控制及規劃市場環境，以國家資本主義的政

策，塑造了一個高度自由經濟的環境，吸引國際資金加入。根據美國傳統基金會與《華爾街日報》2020 年的「經濟自由度指數」報告排名，新加坡榮列榜首。

新加坡在 1965 年建國之時，[22] 人均國民所得為 516 美元，於 1966 年至 1973 年間，連續八年維持 10% 以上的經濟成長率。即便日後曾因石油危機、美國股災、亞洲金融風暴及次級房貸引發的全球金融危機，而分別在 1975 年、1985 年、1998 年、2001 年及 2008 年經濟成長率明顯下滑，但均能在危

---

19. https://zh.wikipedia.org/wiki/%E6%96%B0%E5%8A%A0%E5%9D%A1.

20. Jack I.C. Huang，〈【認真看東協】對上李總理的那一年，《經濟學人》撤文賠款加道歉──新加坡的光與影（政治篇）〉，換日線，2019 年 3 月 20 日，https://crossing.cw.com.tw/article/11484。

21. 王文智、崔守全、王文勇（2008），〈新加坡「軟威權主義」政治分析〉，《雲南社會科學》2008(1)：33-36。

22. GDP per capita(current US$), World Development Indicators, https://data.worldbank.org/indicator/NY.GDP.PCAP.CD?view=chart.（擷取日期：2021 年 5 月 10 日）

機中快速復甦。

1989 年，新加坡的人均所得超過了 10,000 美元，達 10,394 美元（大約為中國 2020 年的水準），成為 1990 年代亞洲僅次於日本的第二個已開發國家。2011 年，人均所得更首次超越美國，成長至 53,890 美元，之後至 2019 年為止，人均所得與美國並駕齊驅，經濟成長的亮麗表現有目共睹，使「新加坡模式」成為一個傳奇。

「新加坡建國之父」李光耀雖在 1990 年卸下總理職務，仍轉任國務資政和內閣資政長達二十一年，至 2011 年才退休；執政期間，經濟表現亮眼，但反對意見受到高度限制。1990 年代到 2010 年間，新加坡逐漸放鬆有關毀謗與限制政治及言論自由的法規和司法實務。2011 年李光耀正式從內閣卸任，民意開始更能反映出來，唯依舊對網路言論採取司法行動，2018 年李顯龍總理還有告贏誹謗訴訟，要對方賠償 37 萬元新幣的案例。新加坡各項制度、招商引資及開發策略，大都在李光耀任內發展完成。

透過菁英主義及家長式領導的風格，新加坡以「軟威權主義」建立了一個結合西方民主思維與東方儒家文化的政治

形式，[23] 持續計畫性地培育及吸引國際人才，擁有高品質的人力資源。新加坡政府在國際上具有高效、廉能的高度評價，同時民眾享有一定程度的自由與公民權利。迄今，新加坡仍由人民行動黨一黨專政，以結果論，新加坡的政治制度對於政策推動、貫徹及永續性具有正面助益。

1978 年鄧小平復出掌權後，曾參訪新加坡，當時中國人均所得僅 156 美元，新加坡則為 3,193 美元，是中國大陸的 20 倍強。新加坡政府家長式領導的風格，結合西方自由經濟市場低稅率、制度開放、提供諸多優惠措施的招商引才策略，造就的經濟成果讓鄧小平印象深刻，影響他在中國開始實施一系列以經濟為主的「改革開放」措施，走向「有中國特色的社會主義」道路。

---

23. 姜新立（2015），〈由「新加坡模式」到「中國模式」：對國家發展「第三條道路」的省察（上）〉，《海峽評論》293：15-20。

新加坡自 1961 年起，以每五年或每十年配合全球局勢及經濟發展進行經濟發展規劃，並透過成立相關法定組織如經濟發展委員會、經濟發展局、裕廊管理局等，推動各項招商措施、努力吸引外資。[24]

　　1961 年至 1965 年，新加坡大力發展勞動密集型產業，逐步改善失業率及增加經濟成長，之後朝向資金及技術密集的高科技、高產值精密工業發展，1990 年起轉型國際化、高科技化，以金融、服務業為重心，發展國內經濟及開拓國外市場。

　　而 2006 年及 2014 年時，新加坡則分別透過「智慧城市推動計畫」以及「智慧國家2025」的十年計畫，建立全球最完善的數位基礎設施，打造一個智能化及全球化的國度。這些計畫鎖定未來金融、未來製造、未來交通及未來醫療，尤其是老年照護，希望新加坡能成為這些項目的解決方案輸出國。

　　除了穩定的政局、優良的基礎建設及科技化程度、優惠稅制及移民政策，新加坡的高度競爭力還有一個特殊面向——「政聯企業」（即國有企業）在經濟發展的過程中推動各項基礎建設及投資。

　　1974 年，新加坡財政部成立政府控有 100% 股權的淡馬錫

控股公司（Temasek Holding），[25]以獨立及專業性做為所有「政
聯企業」的股東，並統一管理與調度。[26]淡馬錫控股在貫徹政
府方針及商業經營方面維持了良好的平衡及成效，是新加坡
經濟發展興盛的重要原因之一。今天新加坡重要的本土企業，
政府基本上都具控制力，例如上市的新加坡航空公司、星展
銀行、新加坡能源等，同時政府積極投資獲利性高、具前瞻
性的公司。

　　新加坡的貧富差距低，[27]過去五年的工資成長率為 3.7%，
通貨膨脹率通常低於 2%，低所得者的所得成長率高於其他

24. 香港城市大學，新加坡的經濟奇蹟，2010，https://www.cityu.edu.hk/
    upress/pub/media//catalog/product/files/9789629371821_preview.pdf。
25. 淡馬錫為新加坡古稱。
26. 王文、崔胜朝（2009），〈新加坡淡馬錫董事會治理模式的啟示〉，《現
    代管理科學》4：48-50。
27. Grace Ho, "Singapore sees rising incomes, falling inequality", *The Strait Times*,
    November 27, 2020. https://www.straitstimes.com/singapore/politics/singapore-
    sees-rising-incomes-falling-inequality.

所得者，多數人屬於中產階級，基本上已做到住者有其屋，年輕人有工作後配合雇主貢獻 17%，依法將 20% 所得貢獻於自己的公積金中，結婚後很容易可以申請到組屋（即國民住宅），可用部分公積金買房，五年後可以將房屋賣掉買更貴的房子。

新加坡的失業率很低，只有 2.7%，儘管新加坡房價上漲，在這個制度下因為有工作者可以負擔買房，房價漲反而讓新加坡人覺得財富上漲。新加坡也有超級富人，當中許多是移民，由於新加坡的所得稅低，沒有資本利得稅，也是全球財富管理中心，許多富有家族將家族辦公室搬至新加坡。

新加坡的醫療水準高，民眾必須買私人保險預防重要疾病相關的高醫療費用，在診所或牙醫看一般的小毛病，民眾必須支付高額自付額。

新加坡在威權政治、高效能及清廉的政府、國家資本主義及經濟規畫、市場經濟及低稅率、教育成本合理、高人力素質、穩定等社會條件下，發展為全球的經濟典範，為世界高國民平均所得國家之一。貧富差距低，百姓對生活有極高的滿意度，但是政治參與及言論自由受到限制，只要不過度

批評政府，人民的生活是自由開放的，資訊及人際網絡與全球連結良好。

二戰以後，高度發展國家多為民主國家，美國的文明尤其對世界有重大的影響。為了維護國家安全，美國致力於維護世界秩序，一個重要的工具即為民主政治制度。美國相信民主國家比較穩定，易於相互溝通，所以美國以援助、提供安全保障等誘因導引其他國家民主化。而且美國的文明為許多全球民眾所嚮往，因此許多國家漸次民主化，台灣即是一例。

但新加坡有自己的一套政治邏輯，創造出一個有別於西方國家的「新加坡模式」。新加坡政府認為自己是民主的，其他國家不應該以自己的眼光及經驗來看待新加坡。新加坡證明了經濟現代化與一黨專政可以結合在一起，這點對中國充滿了吸引力。

中國與新加坡有許多相似之處：都是華人國家，有相同的中華文化背景：新加坡的官方語言是英文，但是除了少數民族如印度裔及馬來人區域，中文幾乎可以暢行無阻：一黨專政，國家資本主義與市場經濟互補。

但是中國也有與新加坡不同之處，使得中國的發展較為

艱辛。新加坡年輕、包袱小，在發展過程中迅速找到了適合自己國情的治理模式，而且幅員小及人口少，施政的複雜度較低。中國則承繼了數千年的歷史，共產黨的社會主義還在西方資本主義、民主社會主義、福利國家等各種思潮的衝擊中蛻變，希望找到一個具中國特色的道路，而且幅員廣大及人口眾多讓中國成為非常複雜的體系，需要高效率的管理才能經營出色。

自從改革開放以來，中國的經濟發展模式與新加坡一致：每五年擘劃國家經濟發展藍圖，以市場經濟提供人民致富的誘因，以國有企業執行政府經濟政策。中國也積極國際化，2001年加入WTO，積極招商引資，調整法治與世界接軌。中國有全世界最完整的產業鏈，在某些領域已具備世界級尖端科技，並且規劃到2035年，上海要與紐約和倫敦並駕齊驅，成為頂級全球金融中心。

新加坡人民行動黨對政治權力及言論自由的控制正逐漸失去完全的掌控力。2020年大選，人民行動黨獲得83席，反對黨勇奪10席，這是自1966年以來反對黨所占的最大國會比例。儘管如此，新加坡到今日的經濟發展階段仍算是維持了一黨專政，習近平及中共說不定也這樣想：把經濟搞好，貧

富差距合理，中國也能維持長久的一黨專政。可以預期中國
走新加坡路線，以極權的政治制度維護社會安定，謀求經濟
高度發展，爾後再適度調整或放鬆政治控制力。

中國極權中的民主

對一般人而言，民主的特徵是選舉，新加坡定期舉行選
舉，所以新加坡是民主國家。可是如果私底下問新加坡人「新
加坡是否為民主政治」，恐怕很多人會說新加坡不民主。你
可以做一個簡單的測試，下次去新加坡時，問計程車司機「新
加坡是否民主」，當他確定你是觀光客後，就會口沫橫飛地
吐槽新加坡式的民主。

然而對李光耀及新加坡的菁英政治領導階層而言，新
加坡是民主的。李光耀創造了託管式民主（Democracy of
Trusteeship Model），即使在一個定期全民投票的社會裡，一
個政黨仍然可以長期執政，像人民行動黨一樣，執政一甲子。

政府如果尊重人民，誠實執政，為人民著想，並且可以

經由法律治理國家，這樣的政府可以非常有權，但仍必須自我克制。一個想要長期執政的政黨，就必須做到為人民增進生活福祉，願意執行公權力，同時做到必要的克制。這種平衡，新加坡政府好像做到了，從這個角度看，中國算不算有民主？

中國也有經由選舉產生代議士的民主形式。依據憲法，全國人民代表大會是中國最高的權力及立法機關，除了修改憲法、監督憲法的實施，具有立法權、任免權、重大事項決定權、監督權，也是選舉國家主席的機構。人民大會代表在基層的縣及鄉採取直接選舉，全國人大代表、省級（包括省、自治區、直轄市）人大代表、設區的市和自治州人大代表，經由間接選舉產生，分別由下一級人民代表大會開會選舉產生上一級人大代表。實務上，中共的一黨專政是由控制候選人及選舉結果達成的，與新加坡類似。

習近平認為中國是民主的，他提出「全過程民主」理論，2019 年 11 月他指出，「我們走的是一條中國特色社會主義政治發展道路，人民民主是一種全過程的民主，所有的重大立法決策都是依照程序、經過民主醞釀，通過科學決策、民主

決策產生的。」中共中央政治局常委、全國人大常委會委員長栗戰書在北京同列席13屆全國人大常委會第29次會議的全國人大代表座談交流時，曾闡釋全過程民主。[28]

> 「全過程民主」是對社會主義民主政治理論的重大創新……通過一系列法律和制度安排，真正將民主選舉、民主協商、民主決策、民主管理、民主監督各個環節彼此貫通起來，支持和確保人民當家作主。因此，全過程民主是全鏈條、全方位、全覆蓋的民主，是最廣泛、最真實、最管用的民主。……只有始終堅持黨的領導……人民當家作主才能充分實現，全過程民主才能有序推進。

28. 〈全面領會習近平總書記關於全過程民主重要論述的深刻內涵　支持和確保人民當家作主〉，http://www.npc.gov.cn/npc/c30834/202107/0f60ca5b56e046b48a8a205c7915bd08.shtml。

……必須緊緊抓住人民代表大會這一主要民主渠道……通過多種方式聽取和反映人民的意見和要求，努力為人民服務……密切連繫人民群眾是憲法法律賦予人大代表的重要職責……代表要發揮同人民群眾工作和生活在一起的優勢，用好代表連繫群眾的制度機制和工作平台，通過各種途徑和形式深入開展調查研究，深入了解民情，真實反映民意，廣泛集中民智，當好黨和國家密切連繫人民群眾的橋梁和紐帶。

……民主不是裝飾品，不是用來做擺設的，而是要用來解決人民要解決的問題的。……對於一些帶有共性、普遍性的問題依法提出議案和建議，推動從法律、政策層面予以解決。

習近平 2021 年 7 月出席以視訊舉行的「中國共產黨與世界政黨領導人峰會」時表示，[29] 現代化道路沒有固定模式，適合自己的才是最好的，不能削足適履；每個國家探索符合本國國情的現代化道路的努力，都應該受到尊重。「實現民主

有多種方式，不可能千篇一律。一個國家民主不民主，要由這個國家的人民來評判，而不能由少數人說了算。」

所以「全過程民主」必須反映民意，解決人民的問題，同時依據法律程序立法解決問題，本質上與新加坡政府追求的民主結果一致，都必須為民眾謀福祉，但是希望在維持一黨專政下的社會中穩定進步。

借鏡歷史，不論一個國家的政體為何，政權的維護和國家的穩定與民眾福祉絕對相關，罔顧人民權益的政權必不長久，即使能暫時守住政權，社會亦必定動亂。

新加坡人民行動黨能長期執政是因為社會穩定，同時人民福祉持續增長，讓新加坡人與其他國家比較時感到滿意與自豪。中國共產黨現在仍得到中國人民普遍支持，也是因為

---

29. 羅印沖、呂佳蓉，〈習近平：民主不可能千篇一律　中國永不稱霸〉，聯合新聞網，2021 年 7 月 7 日，https://udn.com/news/story/7331/5583187。

從改革開放以後，人民生活不斷改善，民族自尊心漸漸提升所致。因此人民的生活與民族的驕傲必定是習近平念茲在茲的，要了解中國的施政邏輯，絕對不能忽略這個重要的因素。

中美是總體經濟政策的孿生兄弟

1978 年以前，中國採取蘇聯式的計畫經濟模式，得到了非常失敗的經濟發展經驗，「大躍進」是這段期間的失敗標誌。這段期間，中共要人民積極增加生產，卻無市場誘因機制，結果使這個社會主義建設運動產生災難性後果，農業產量浮誇，工業產品質量粗劣，導致饑荒與公共設施不合格，據各方估計，有 1,500 萬至 5,500 萬人因此不正常死亡，[30] 政府最終只得依賴計畫配給體制維持社會運行。

1978 年至 1998 年間，中共開始施行「改革開放」政策，加入市場經濟元素及鼓勵國際貿易後，政府的計畫經濟產生了驚人效果，農業和工業快速增長，人均所得自 1978 年的 156

美元成長至 1989 年的 828 美元，但是 1988 至 1989 年及 1993 至 1995 年間通貨膨脹率高達 18%，1994 年更出現了 24.1% 的高速通膨。在市場經濟中，中國開始學習西方國家的總體經濟調節方法。

1998 年起，開放的中國大陸市場先後面臨了亞洲金融危機及 2008 年全球金融危機。在這個階段，中國採取了強力的擴張性財政政策，大力投資於基礎建設及產業研發，處理體質不佳的國營企業，並進行住房改革，但同時面臨了地區經濟發展的差距擴大和通貨膨脹等問題。

貨幣政策隨著景氣循環變得愈來愈重要，中國的主要貨幣政策工具為銀行存款準備率的調整及逆（正）回購。降低（提高）存款準備率將增加（減少）銀行可以貸出的資金，從而增加（減少）貨幣供給額；逆（正）回購是中國人民銀

30. https://zh.wikipedia.org/wiki/%E5%A4%A7%E8%B7%83%E8%BF%9B.

行向一級交易商短期購買（售出）有價證券，約定在未來特定日期將有價證券賣回（買回），從而增加（減少）短期貨幣供給額的方法。

2004 年實施的《中國人民銀行法》有關人民銀行的作業範圍與西方國家的中央銀行是如出一轍的。今天中國財經官員的總體經濟觀念與美國官員一樣，唯一的差別是在一個計畫經濟與國有企業扮演重要經濟發展角色的國度裡，經濟政策需要因地制宜。

中共的施政愈來愈與民意結合

在美國，政府不能隨便蒐集與利用個人資料。但是蒐集情資對國家安全有絕對必要性，在這方面，網路科技大幅增加了美國政府蒐集情資的能力，而且網路也是了解人民問題的重要管道。

依據《美國愛國者法案》（Patriot Act），為了國家安全理由，美國政府可以在無搜索令的情況下要求私人企業提供

個人資訊，而且這些企業不能公開被要求的相關細緻資訊。《愛國者法案》是在 911 恐怖攻擊後立法的，2021 年 1 月 6 日暴徒攻進國會山莊後，美國政府積極利用網路蒐集極右派民眾及極端種族主義者可能的動向。

由於美國政府及企業經常受到外國網軍的侵入和攻擊，加上情蒐的需求，美國國防部於 2009 年設立了美國陸軍網路司令部（U.S. Army Cyber Command），之後於 2018 年成為獨立的作戰司令部，整合及負責網際網路的作業、電磁戰事及資訊作業等。

美國在 1952 年即成立國家安全局（National Security Agency，簡稱 NAS），隸屬於國防部，前身為軍隊安全局，是聯邦政府的情報機構。[31] 小布希總統在 2001 年 911 事件後批准了名為「恆星風」（Stellar Wind）的情報計畫，讓國安

---

31. https://zh.wikipedia.org/wiki/%E7%BE%8E%E5%9B%BD%E5%9B%BD%E5%AE%B6%E5%AE%89%E5%85%A8%E5%B1%80#%E6%A5%AD%E5%8B%99.

局可以對含括了美國公民的電子郵件、電話通訊、金融交易和網際網路活動等各項資料的大型資料庫進行數據挖掘，由於這些數據涉及大量個資，並不局限於《外國情報監視法》（Foreign Intelligence Surveillance Act，簡稱 FISA）的授權項目，連美國司法部內部也曾對這個計畫的合法性產生爭議。[32]

基於美國本身及盟國的安全，國安局專責於國內外通訊情資的蒐集與分析，積極透過電話、網際網路、衛星通訊等，執行資訊安全相關勤務。當他們以反恐與防止犯罪為名進行大量資料蒐集時，是否真能在尊重美國憲法、法律與人民的前提下，以合乎道德和公平的方式執行他們的使命，並採問責制為其執行業務的各項決定負責，仍然是一個值得關注的問題。[33]

中國政府利用網路蒐集情資的空間比美國政府大許多，但為了有相關法律基礎，於 2016 年通過了《網路安全法》，政府可以因此嚴懲網路詐騙及網路攻擊、保護關鍵信息基礎設施、法令化網路實名制、限制危及國家安全的重大突發事件的通訊。[34] 基於這條法律，外國企業在中國營運所蒐集的資訊必須留在中國，而且企業必須應中國政府要求提供這些蒐

集到的資訊，川普政府即曾以這個理由認為抖音會將美國民眾的資訊提供給中國政府。

除了國家安全及社會穩定等相關情資，為了讓施政能與廣大民意連結，網路盛行的中國更讓執政者可以很容易就直接蒐集百姓的意見，以便做出快速反應。罔顧百姓的政府在封建時代不可能持久（會被改朝換代），更何況在今天民意也高漲的中國，在不挑戰中共政權的情況下，人民在網路上是有許多意見的，因此執政者蒐集百姓的意見有利於讓施政與廣大民意連結。

中共的施政愈來愈與民意結合，例如 2021 年對補教業的

---

32. https://en.wikipedia.org/wiki/Stellar_Wind#mw-head.
33. https://www.nsa.gov/about/mission-values/.
34. 〈中國強力通過《網路安全法》，背後沒說的那些事〉，數位時代，2016 年 11 月 8 日，https://www.bnext.com.tw/article/41730/china-approves-law-to-tighten-control-on-internet-use。

嚴格管理就是一種反映民意的表現。2021 年 6 月，習近平訪問西寧當地小學，指出學生和家長在課外輔導花費的時間和金錢壓力愈來愈大，他向家長和學生承諾，將減輕他們的負擔，不能讓校外輔導員取代老師。[35] 2021 年 7 月 24 日，政府發出「雙減」通知，要求補教機構註冊為非營利性質，且不會再核發新的營業執照。

這個禁令主要與學科類有關，中國教育部定義學科類補習包括：語文、數學、外語、道德與法治、歷史、地理、物理、化學和生物，而體育、藝術、綜合實踐類等，不受新規影響。這個禁令震驚了投資人，外資對補教業一向有重大的投資，非營利即表示不能上市，將嚴重影響投資的回收。儘管如此，這是平民百姓歡迎的政策。地方政府對這個政策還加碼，要對補教學費設定價格限制。

中共嚴管青少年打電玩的時間也是反映民意，2021 年 8 月規定所有網絡遊戲企業僅可在週五、週六、週日和法定假期的每天晚上 8 點至 9 點提供 1 小時服務，這更加限縮了 2019 年的規定，當時將 18 歲以下青少年及兒童每天玩電子遊戲的時間限制在 1.5 小時，節假日被放寬至 3 小時。[36] 這

種規定在美國會發生的機率不高，連中國人民都在中國網路上對此規定議論紛紛，但這規定基本上很受有未成年子女的父母認同。

中國的金融監管與實務愈來愈像美國

如果你突然被空降在上海陸家嘴金融貿易區的街上，而且不知道自己身處中國，你會以為自己是在一個民主國家的金融中心。如果有人把中國的各種金融監管法規（例如證券、保險、銀行等）翻譯成英文，而且刻意把能讓你感覺與中國

---

35. 〈為救生育率？中國補教業被「灰飛煙滅」〉，《自由時報》，2021 年 8 月 13 日，https://ec.ltn.com.tw/article/breakingnews/3636417。
36. 〈中國嚴打「精神鴉片」　青少年只能週末玩三小時網絡遊戲〉，BBC News，2021 年 8 月 31 日，https://www.bbc.com/zhongwen/trad/chinese-news-58392571。

有關的文字拿掉，你看了會以為這是某一個先進國家的金融法規。

中國的金融實務愈來愈像美國，美國金融機構的業務內容包括：消費金融、企業金融、直接投資、資產管理、自營、承銷、證券經紀、各種保險商品、創業投資、避險基金、私募基金等，這些業務內容在中國機構也都應有盡有。而且，因為有螞蟻金融等影子金融機構的存在，有微信等電子支付工具的盛行，中國金融服務的科技化程度及產品的多樣化比美國有過之而無不及。中國政府正在將影子金融機構納入金融體系監管，目的在避免系統性風險及民眾權益受到損失，中國的金融市場將因此更法治與制度化，與美國一致。

中國金融產品的廣度與深度也愈來愈像美國，例如各種規模與發展階段的公司都可以上市，交易各式各樣商品與證券的市場林立。除了深圳及上海交易所，2021 年 9 月開始設立北京交易所，以現有的新三板精選層為基礎組建。新三板是一個中小企業股份轉讓系統，為非上市股份公司股票公開轉讓和發行融資的市場平台，流動性很低。

將來新三板企業可由基礎層、創新層、精選層以依次遞進的方式實現在北京交易所上市。[37] 北京交易所將以服務創新型中小企業為市場定位，尊重創新型中小企業的發展規律和成長階段。

　　中國已經有四個衍生性商品交易所，以期貨及選擇權等交易各種大宗物資及金融契約，現在正規劃在廣州設立一個新的衍生性商品交易所，主要交易與控制氣候變遷相關的商品，例如碳權交易及綠能等。這也將是第一個有部分私人股權參與的交易所，比較接近美國交易所的治理結構。[38]

---

37. 〈習近平宣布設立北京證券交易所　時隔 30 年中國誕下證交所「三胎」〉，BBC News，2021 年 9 月 3 日，https://www.bbc.com/zhongwen/trad/business-58436181。

38. Liu Caiping and Luo Meihan, "In depth: China's next futures exchange has companylike aspirations", Caixin, Nikkei Asia, January 14, 2021, https://asia.nikkei.com/Spotlight/Caixin/In-depth-China-s-next-futures-exchange-has-companylike-aspirations.

中國金融市場也積極國際化，除了已經讓外國金融機構能夠持與中國機構同樣的牌照營業，也積極要建立上海成為全球金融中心；中國機構也利用香港達到國際化的目標，這些機構藉著香港與世界的連結，以及香港與中國的連結，在香港擴張營運，利用中國的資金到海外發展，同時吸引國際資金進入中國。

中國大陸一向支持香港做為國際金融中心、全球離岸人民幣業務樞紐、國際資產管理中心及風險管理中心，以及大灣區綠色金融中心和服務「一帶一路」建設的投融資平台。2020 年 5 月，《關於金融支持粵港澳大灣區建設的意見》，支持進一步推進金融開放創新，深化內地與港澳金融合作，提升大灣區在國家發展和對外開放中的支持引領作用。[39] 經由「滬港通」、「深港通」，讓國際投資人可以交易在上海及深圳的上市證券，內地投資人可以交易香港的上市證券，而「債券通」已經開放外國投資人投資內地債券。

儘管美國政府希望投資人不要提供資金給中國成長，而且已經限制政府控制的機構投資中國標的，但外國投資人對中國的興趣不減。2021 年第一季總投資組合投資超過 7,500 億

美元，還有經過 VIE 投資的大量金額：2020 年中國吸引了 2,120 億美元的直接投資，而僅 2021 年第一季即有 980 億美元。[40] 雖然美國正在限制中國企業到美國上市，但看起來中國市場並不愁資金，中國企業有本土及香港市場可以籌資，甚至未來美國企業都會考慮到中國上市。

---

39. 與內地的金融合作，香港特別行政區政府財經事務及庫務局（財經事務科 ），https://www.fstb.gov.hk/fsb/tc/business/policy_highlights/financial-co-operation-with-the-mainland.html。

40. Nicholas R. Lardy, "Foreign investments into China are accelerating despite global economic tensions and restrictions", China Economic Watch, *Peterson Institute for International Economics*, July 22, 2021. https://www.piie.com/blogs/china-economic-watch/foreign-investments-china-are-accelerating-despite-global-economic.

中美企業的戰略與商業模式邏輯一致

現在，中國企業提供商品與服務的方式及所依據的戰略與商業模式邏輯與美國並無二致。中國的商管學院的教學內容與美國是一樣的，大量引用美國發展出來的商管理論及實務，尤其以美國理論為基礎撰寫了許多本土案例，配合西方案例一起教授給學生，美國商學院也熱衷撰寫中國企業的案例，這是一個中美企業相互學習的過程。

幾乎所有重要的美國企業都已在中國營運許多年，訓練了許多在地專業經理人，他們正在開枝散葉，進到中國本土企業內任職。這些專業經理人有英文名字，講英文，而且有許多人在美國受過教育。許多中國高層的政府官員也有美國的學位或者學習及研究經驗，英文非常流利，例如習近平非常倚賴的國務院副總理劉鶴就是哈佛大學約翰‧甘迺迪政府學院的公共管理碩士。這些政府官員了解也知道現代工商管理方法的優點及對經濟的益處，這些知識對他們制定與執行經濟與財金政策有很大的影響。

如果你坐在北京新建的大興國際機場中候機，會感覺就

像在先進國家的機場一樣；如果你坐在上海的星巴克旗艦店內喝咖啡，氣氛不僅跟美國的星巴克相同，而且內裝更加豪華；如果你在深圳參訪騰訊的總部，不會感覺和美國的大企業有太多差別；如果你到過武漢，會感覺美國多數城市不比武漢現代化。

這就是現代的中國，只要不談禁忌的政治議題，看不出來跟美國有什麼差別。中國女孩打扮得跟美國女孩一樣漂亮；中國男孩也開電動汽車、滑 5G 手機；中國人網上購物比美國更瘋狂；中國人也熱中職業籃球賽。其實中國還是像封建社會一樣，「帝力於我何有哉？」只要不管政治，百姓可以自在地過日子。

除了政治，中國與美國有說不出的像！讀到這裡，你應該已經感覺中美愈來愈像，而且競爭只會讓兩國更注意對方的舉動，互相學習優點。事實上，美國是強國，中國需要跟美國學習的地方很多，平均而言，中國的生活水準只有美國的六分之一，有很大的成長空間，也有許多困難。

習近平正在進行一個龐大的工程，一方面借鏡新加坡模式，希望在穩定中成長；一方面不停告訴人民，面對美國的

壓抑，中國必須快速進步才能民族復興，而且這個目標必須要由共產黨領導才能達到。同時，中國政府必須向美國學習，迅速進行極為複雜的軟硬體基礎建設，讓國家能夠穩定成長；並且要不停改善人民的生活，以維持共產黨專權的正當性。徵諸新加坡經驗，中共的專權強度還要一段頗長的時間才會放鬆。

中美激烈鬥爭，極可能是雙贏的局面，而且兩國將趨於相似，這對你的商業判斷、職涯發展及投資決策，也就是你的荷包，會有什麼影響？

第八章

在中美的未來中
脫穎而出的企業與個人

　　至此，你大概已經同意中美激烈鬥爭後沒有人會倒下。既然將是一場雙贏的戰爭，而且中美的政治、經濟、社會將逐漸匯流，開始認真思考未來的發展方向與策略應該是很值得做的一件事了。中美匯流的過程將形塑未來的全球經濟與企業經營環境，本章將討論如何在這個趨勢中思考發展策略。

我們以企業策略為討論主軸，但是同樣的邏輯可以應用在個人的發展策略與投資方向中。我們先指出決定企業經營績效的主要因素，接著分析全球經營環境的趨勢及風險，再討論企業的可能發展策略，最後對個人的發展策略及投資策略提出建議。

決定企業經營績效的關鍵因素：資本配置

許多研究顯示，資產配置決定了 90% 以上的理財投資績效，在企業經營與個人發展方面更是如此。企業如何配置資本（Capital Allocation），將決定企業的未來。例如台灣最受人矚目的企業台積電，每一年的資本支出達數千億台幣，2021 年更將超過 8,000 億台幣。台積電的資本支出目的是在面對三星的強烈競爭下，有維持技術領先地位、掌握先進製程及滿足特殊製程技術的強勁需求。

台積電評估資本支出主要考量四大原則：技術領先、有彈性並能反應需求的製造能力、客戶對產能的信任、適當的

投資報酬。同時，先進製程複雜度的提升、必須持續投資成熟製程、全球生產據點的擴展及原料成本的增加等，也在成本面挑戰台積電。[1]

高盛證券對台積電資本支出的最新預期是 2023 年將超過 1.1 兆台幣。[2] 台積電的資本分配完全反映了台積電想要滿足的市場需求及想要維持的競爭優勢。其他規模較小的企業的資金來源不如台積電，而且資金成本比台積電高，更應該謹慎思考如何最有效率地分配資本。

企業的資本配置必須基於公司的發展策略，但應先了解未來的經營環境趨勢，才能洞燭機先，制定先發制人的策略，將有限的資本分配在能夠利用趨勢獲利的地方。

綜合前幾章的分析，中美的未來對全球經營環境有下列啟發。

國際經營環境

第一、中國的政經發展將類似新加坡，雖然是一黨專政，

採取國家資本主義執行經濟政策，但是將非常重視市場經濟。計畫經濟對政府的投資及政策支持方向提供長期及確定性高的指引，市場經濟則提供滿足市場需求的競爭機會。

第二、儘管中國是世界人口最多的國家，有龐大的內需市場，仍會努力面向世界，歡迎外資到中國做生意。

第三、美國雖會借鏡中國，增加國家資本主義及社會主義色彩，仍將是提倡競爭的資本主義世界強國。

第四、美國有三億多人口，是世界第三大國，但是無法每個產業都有完整的供應鏈。在必須採取「遠交近屏」戰略以維護國家安全時，美國將採睦鄰政策，同時爭取與傳統盟國在供應鏈緊密合作，英特爾計劃在歐洲大量設晶圓廠即符

1. 高兆麟，〈台積電法說：2021 全年毛利率 50％以上　今明年產能維持緊繃〉，ETtoday 財經雲，2021 年 10 月 14 日，https://finance.ettoday.net/news/ 2101320#ixzz79bt39OqLk。
2. 簡威瑟，〈高盛：半導體資本支出行情　首選台積〉，《工商時報》，2021 年 9 月 17 日，https://ctee.com.tw/news/tech/518952.html。

合這個發展方向。

第五、歐美國家在中國有龐大商業利益，會持續開發中國的內需市場，導致歐美商品的供應鏈中國在地化，特斯拉在中國生產的電動汽車有完整的在地供應鏈即為一例。

第六、中國鄰近的國家將與中國的市場及供應鏈緊密結合。

第七、中國製造的產品品質與附加價值將逐年提升，而且中國企業將持續全球化，與歐美產品的全球競爭將更直接。

第八、中國廠商將師法歐美企業，在全球直接投資，廣設研發、生產與銷售據點。

第九、大陸廠商相對於台灣廠商的競爭力持續強化，當中國正努力將所有重要產業的完整供應鏈在地化時，台商必須要有一個相對應的中國大陸經營策略。

這些全球經營環境趨勢，對世界貿易與商品市場具有以下涵義：中美因國家安全考量，將嚴格掌握供應鏈，但是除了國安敏感商品（例如高科技設備與尖端材料等），商品市場的全球連結仍將暢通無阻，因此在關鍵產業供應鏈中的廠商必須有能力在嚴格管控的供應鏈中創造價值，而且會有必

須在實體上接近中美供應鏈的壓力。

供應鏈中的零組件廠商，如果產品愈高端、愈具特定性用途（本章稱這類廠商為「專精廠商」），則愈須配合中美兩國供應鏈的要求，可能必須針對中美兩國做分流的服務。專精廠商必須做好在實體上與中美兩國接近的準備，不一定非得在中國或美國營運，但必須在兩國可以信任的國家中營運，例如在加拿大或墨西哥營運對美國就是可以接受的；又由於中國市場是美國的 4 倍，直接在中國營運應該可以與當地供應鏈保持最高的密切程度。

但是一般性用途的零組件廠商，或者是消費性商品，則不需要這些考量。這些廠商應在品質、產品設計、產品應用的廣泛性及生產規模方面建立競爭優勢。

雖然中美終將匯流，但在中國的國力尚無法與美國比擬時，美國必定極力抑制中國，這種競爭狀態將導致頗大的風險。即使沒有中美戰爭，現在的國際環境中也存在其他風險，而風險的發生時機是無法精準預測的，將這些風險納入發展策略中考量，可以幫助規避或管理風險。

全球經營環境風險

一、中美戰爭的直接與連帶損害（Collateral Damage）

　　在中美邁向雙贏與匯流的過程中可能有兩個地緣政治風險。第一，在尚未接受必須與中國一起分享國際事務的管理權力之前，美國將會不斷嘗試削弱中國的成長力，如果現行方法無法奏效，就會嘗試新方法，而這些都會引起中國的反應。在相互反應的過程中有可能產生誤判，而如果誤會了對方的意圖，在保衛自己的情況下，就有可能爆發難以收拾的衝突。

　　一方反應另一方行為的動態狀況可以用香港的反送中事件為例。反送中運動引發中國強力控制香港，從而引發「抑中聯盟」制裁香港，接著中國又反制裁，現在還處於餘波盪漾的狀態中。基本上香港已非主戰場，香港的地緣政治衝突風險已降低。與香港比較，南海問題的複雜度高，發生風險的機會大許多。

　　香港是中國可以完全控制的一個特別行政區，南海則是周邊國家爭奪的區域。中國與其他國家都在南海以占據島礁

的方式實現主權主張，已發生過多次衝突。美國主張台灣海峽及南海為國際水域，因此以維護國際通行權為理由，直接從台灣海峽進入南海。此外，「抑中聯盟」其他成員為了強化對東南亞的影響力，爭奪此未來全球最主要成長區域的經濟利益，也增加在南海的軍事活動。

當愈來愈多國家經常在南海從事演習等相關軍事活動，南海爆發軍事衝突的機會也就愈來愈大。中國現在於南海的軍事演習已經常態化，隨時備戰；[3]美國在 2021 年 8 月即舉行了兩次大型演習，一次有日本、澳洲、英國加入，另一次是 1981 年以來最大的一次海軍演習。[4]

---

3. Liu Xuanzun, "PLA holds large drills amid military threats", *Global Times*, Aug 5, 2021. https://www.globaltimes.cn/page/202108/1230715.shtml.

4. "US 'large-scale' military exercises cannot scare China, Russia: Global Times editorial", *Global Times*, Aug 5, 2021, https://www.globaltimes.cn/page/202108/1230616.shtml.

台灣身處在這個複雜的環境中，一方面中華民國實際掌控著東沙島與南沙太平島，另一方面，「抑中聯盟」的各種行動，引發中國做出各種反擊。例如：美國多賣先進武器給台灣，大陸就增加靠近台灣航空識別區的海空軍活動；美國頻繁穿越台灣海峽，中國空軍接近台灣的數量與架次就逐漸增加；美國直接支持台灣進入 WHO，中國國務院的發言就更形激烈；當日本愈來愈強調要協防台灣時，中國的機艦也更頻繁地巡弋釣魚台海域；而當媒體報導台灣政治領導人有關國際關係的發言後（例如進入聯合國或與美國討論將駐美辦事處改名為台灣辦事處），中國即有高數量的軍機進入台灣西南航空識別區。[5]

　　這些活動愈頻繁，發生衝突的機會就愈大，如果衝突發生，台灣及日本附近海域還有南海的海空運輸將中斷，會造成沒有參與衝突的國家也受到嚴重影響，產生所謂的連帶損害。前美國在台協會理事主席卜睿哲（Richard C. Bush）針對台灣與中國大陸間的複雜問題即有相關的精闢論述。[6]

　　迄今，中國基本上是被動地反應美國的壓力，美國一方面要抑制中國的成長與影響力，另一方面要避免難以控制的

衝突產生，這種平衡會在美國的行動強度愈來愈大時愈難保持。因為美國仍舊認定自己是維持世界秩序的強國，這種心態在沒有遭受強大反抗，或者已遭受強烈衝突後果前，將使美國打擊中國的力道愈來愈強，而且也會增加壓力要盟國採取共同行動，直到達成目的或被迫收手為止。

美國副總統哈里斯於 2021 年 8 月訪問亞洲各國，在新加坡的演講中充分展現了美國是印太國家的保護國的心態：「在這個區域我們早就提出了一個願景，和平與穩定、海上的自由、不受阻礙的商務、人權的進步、對於以規則為基礎的國際秩序的承諾，而且認知我們的共同利益非零和遊戲。我在

---

5. 〈19 架共機擾我西南空域　6/15 以來最多〉，華視，2021 年 9 月 6 日，
   https://news.cts.com.tw/cts/politics/202109/202109062055187.html。
6. 卜睿哲提出，兩岸衝突的風險會是美國、中國大陸、台灣間動態互動的
   結果。請見：《艱難的抉擇：台灣對安全與美好生活的追求》，台北：
   天下文化，2021。

這要重新確認對這願景的承諾……我們將投入時間與精力強化我們的夥伴關係。」

美國從中東與阿富汗撤軍，目的之一是要全力對付中國；希望盟國與美國共同行動，是美國極力要達到的目標。2021年9月，美國與英國及澳洲，背著法國達成協議，協助澳洲建造核子動力潛艇，毀棄了2016年澳洲與法國簽訂的總價值650億美元的傳統動力潛艇合約，法國震怒，罕見地召回駐美國及駐澳洲大使。

法國之前就已倡導歐洲需要建立自己的防衛系統，不再依賴美國提供防衛。美國除了與英國分享過核子動力潛艇製造技術，與澳洲的技術合作是史上第二次，由於核子潛艇對中國的威脅遠比傳統潛艇高，雖然法國是美國的重要盟友，美國卻無法顧及法國的利益，顯示美國在印太圍堵中國的強烈決心，因此南海的地緣政治風險將愈來愈高。

第二個地緣政治風險是，雖然南海與台灣的地緣政治風險高，但是更慘烈的戰爭將發生在科技領域。美國已從各方面打擊中國的高科技業，但是中國有強烈的決心要科技自主，可能更高於美國阻礙中國科技產業發展的決心。例如：雖然

拿不到美國的晶片，華為無法製造高端 5G 手機，但是華為已經可以完全自主製造 4G 手機及所搭載的作業系統（鴻蒙）。

半導體產業是中國科技發展的重中之重，未來是個機器與機器、機器與人連結的世界，連結的速度、資料的傳輸量由晶片主導，關鍵性地決定經濟與文明的發展。中國的半導體產業在材料、製程、封裝、設備等，全面大幅落後美國與其盟國，如果美國可以掐住中國半導體產業的發展，中國將沒有機會挑戰美國。據估計，中國可能在五至十年間可以大幅進化半導體產業，[7] 做到 70% 自主。果真如此，中國的生產規模將造成全世界半導體業的大洗牌，所以美國必須在未來幾年內達到壓制中國的目的。

美國現在採取的打擊方式為不讓中國拿到高端設備、先進晶片、先進材料科技、晶片設計軟體等，並防止中國企業

---

7. "How Far Is China Lagging Behind In The Semiconductor Industry? ", https://www.youtube.com/watch?v=O-ES8KQV74E.

購併相關的歐美及日本企業。由於中國大幅落後，半導體產業是美國最好的攻擊點。美國必定隨時視中國的科技演進狀態加強打擊力道，這將導致中國強烈回擊，中國必須選擇美國的痛點強打，有可能造成全球的重大連帶損害風險。

二、ESG 風險

人類的文明不斷進步，老風險卻不斷重複發生，而且有愈演愈烈之勢；科技儘管日新月異，對地震、風災、水災、旱災、森林大火等，還是束手無策。

中國的水災，韓、日的颱風，美國西岸的火災、東南部的颶風，嚴熱與嚴寒氣候，甚至台灣幾十年後部分西部平原可能被淹沒……除了這些，還有各種新病毒讓人類措手不及，例如 COVID-19 病毒已感染 2.5 億人，奪走 500 萬人的生命。

食物、原物料、水資源也極端化。2020 年是五十年來最大食物危機年，COVID-19、蝗蟲、氣候、經濟衝擊，造成 1.5 億人的營養與食物量嚴重不足。2020 年至 2021 年，原油、瓦斯與燃煤價格極端波動，原油期貨價格甚至曾是負值，而因石化能源的供給不足，2021 年中國必須嚴格限電，歐洲則是能

源價格暴漲。水資源的問題也很嚴重，目前全球有 11 億人口缺水，而根據聯合國估計，2025 年三分之二的人口可能缺水。

社會階級也極端化。COVID-19 病毒，以及與經濟基本面脫鉤的金融資產價格，惡化了貧富差距。國家間的差距日益擴大，例如美國 1990 年的平均國民所得是 25,000 美元，2020 年時已增長到 66,000 美元，而西非的尼日爾 1990 年的平均國民所得只有 450 美元，2020 年也只有微幅增加到 550 美元。除了貧富差距和國家間的差距，世界各國也充斥著種族、性別、階級歧視。

ESG 三要素之一的「治理」包含企業與政府治理。政府存在的目的是解決環境與社會問題，不幸的是，失能的政府正讓環境與社會問題迅速惡化。企業因擁有許多資源，變成了大家的希望所託，影響力投資（Impact Investing）應運而生，投資人乾脆以投資迫使企業改變，要求資產管理公司選擇投資標的時，重視企業是否有採取行動幫助世界永續。因此國際上愈來愈多的機構投資人，以 ESG 為標準篩選標的，並且提倡股東行動主義，干涉被投資公司的經營管理。

影響力投資是個長期趨勢，企業必須在策略與營運方面

跟上這個議題，不注意 ESG 的公司可能會因無法吸引投資人而影響股價，股票的流動性也可能較低。由於環境與氣候變遷所造成的災害及社會動亂可能隨機於世界各地發生，企業一定要注意全球分散風險。

不過 ESG 必定是一個全球性議題，例如地球暖化這個問題，就會使先進歐美國家一致要求其他國家配合減少碳排放；當歐美多國型企業在這趨勢下要求其他國家企業配合節能減碳時，供應鏈中能做得好的企業將有比較多機會。

三、供應鏈風險

美國發起貿易戰，也為全球供應鏈埋下了大風險。以前，世界各國的認知是全球都是採購管道，但是現在，美國以中國採取貿易不公平手段及自己的國家安全為由，大規模制裁中國企業，同時聯合盟國共同行動。美國以前也曾以類似理由制裁其他國家的企業，例如以竊取商業機密為由，制裁日本及法國企業（這種制裁的範圍通常限制在個別企業）；以國家安全理由制裁俄國企業；甚至制裁某個國家整個國家的對外商業活動，例如伊朗。但大規模制裁中國企業，對世界

的影響有完全不同的效應。

中國是世界工廠，美國制裁中國企業及掀起貿易戰牽連甚廣，許多國家的供應鏈與產品銷售受到影響。美國發起貿易戰時，中國並未明顯對美國採取敵對行為；而只因為中國是一個崛起的威脅就採取這種大規模的制裁，造成其他國家無法預期的連帶損害，應該會讓許多國家對全球供應鏈的可靠性信心大減。各國如何管理供應鏈風險將是一個動態的不穩定過程，造成全球供應鏈的效率降低以及很大的不確定性。

四、中國的創新與政治風險

儘管中國了解提倡市場經濟是國家能繼續成長的必要條件，但是計畫經濟仍將扮演關鍵角色。在中央集權的政體下，如何融合市場經濟於計畫經濟中，會一直是重要的挑戰；而且威權體制帶給政府很大的行政彈性，讓政府可以干預市場運作與活動，但如果政府過度干預，將有害於市場創新。

例如 2021 年 9 月，中國政府宣告所有形式的虛擬貨幣交易都屬非法，而且提供虛擬貨幣交易服務亦屬非法。虛擬貨幣當然有令人擔心的地方，例如極度損耗能源、交易隱密、

點對點的交易變成洗錢的溫床等，可是虛擬貨幣的交易機制也有助於市場創新。較平衡的做法可能是適度的監管虛擬貨幣以避免其害，但允許創新。

中共也以行政力量影響企業經營，例如在民營企業內建立黨組織（黨建），而且要全面黨建，已經有愈來愈多非公有企業建立黨組織。國家經由黨組織影響企業經營，必定影響企業的研發、策略及商業模式創新的彈性，也會對企業經營者有無形的壓力與限制，可能阻礙市場的創新。中共的論述是黨建可以協助企業穩定的經營，讓企業的發展與國家協調一致，而這與市場經濟的運作是扞格的。

黨建可能影響企業經營的方向，加上以計畫經濟導引資源投入，會造成市場機制無法有效配置資源。在中國，只要政府提倡某個產業發展，很快就會出現一大堆閒置的廠房（如電動車）、倒閉的企業（如半導體）、鬼城（如營建業）。重視計畫經濟的新加坡，其沖解方法是吸引大量外資在新加坡營運，讓外資成為市場經濟的推手。中國的量體太大，加上政府還在摸索管理外資企業的方法，短期間中國經濟不可能高比例是由外資經營。

價格風險

隨著國際貿易與資本流動量的增加，加上 COVID-19 疫情，幾乎所有影響企業及人類生活的商品與金融資產價格的變動都比過去激烈，如石油、媒、銅、黃金、食物、鋼鐵、木材、晶片等，不勝枚舉，我們正處在一個價格充滿高度不確定性的世界中。作者在第一章分析過，全球主要經濟體不至於會進入到長期高度通貨膨脹的狀態，但是與歷史經驗比較，有幾個趨勢會造成價格的波動偏高。

第一個趨勢是政府對市場的干預將比過去積極，雖然可以舒緩短期問題，但將埋下長期間更不穩定的因子，就像飲鴆止渴，愈陷愈深。例如美國這次的貨幣與財政政策擴張程度打破 2008 年全球金融危機的歷史紀錄，而 2008 年時的作為也是當時的歷史紀錄。

儘管美國政府已經為 COVID-19 疫情的紓困注入數兆的財政支出，讓債務破表，拜登政府仍然要為了與中國競爭再注入數兆資金。而經濟學家也為政府在經濟危機時多花錢提供了理論支撐，理由是如果政府不介入，將造成像 1930 年代

的經濟大蕭條，這個理由讓民選政府理直氣壯地花錢，當然人民也是歡迎財政擴張的。

第二個趨勢是市場經濟體的民主政府還找不到好的自由市場方法解決貧富差距太大的問題，除了我們在第六章分析過，這將造成政府福利支出增加的壓力，也會使政府偏好低利率。利率低有政治好處，可以讓企業的舉債成本低，對經濟擴張有幫助；對貸款買房子的人民也有好處，許多人因為利率低才敢以高價買房子，如果利率提高，可能造成許多人沒有能力負擔房貸而無法擁有自己的房子，或讓已經擁有房子的人無力繳清房貸。這是種惡性循環，以低利率幫助人民，而人民也因為低利率做了理財決定，萬一利率升高了，人民就會受害，所以政府比較偏好讓利率低一些。

問題是，利率長期太低，對經濟是不好的。企業因為資金成本低會投資在報酬率比較低的方案，人民會偏好買房地產，而因為利率低，政府也敢多借錢，這都造成資源誤用。過去二十年，歐洲國家與日本利率每況愈下，經濟疲軟；美國利率也有愈來愈低的趨勢，但比歐洲和日本高，經濟表現也較佳。要利率低，貨幣政策即必須寬鬆，也就是讓市場的

資金充裕，使需要用錢的人容易借到錢。

　　政府在平時即偏好寬鬆的貨幣與財政政策，到了有經濟衝擊時，更卯足了勁以強力的貨幣與財政寬鬆來救經濟，結果就是市場中的錢愈來愈多、政府的債務愈來愈高、金融與實體資產的價格波動性因而升高。

　　當錢太多時，除了利率太低，大家也會擔心未來產生通貨膨脹。事實上，2021 年時，主要國家的存款利率都低於通貨膨脹率，已經造成了實質利率為負的情形。企業與個人為了替錢找出路，將錢投資於報酬較高而且可以抵禦通貨膨脹的資產上，因此實質資產像黃金與房地產等，金融資產像股票等，皆為投資人追逐，價格節節升高。

　　當市場沒有突如其來的重大衝擊時，會存在錢多、利率低，而且通貨膨脹溫和的情況，並可以維持一段長期間。由於企業的資金成本低，即使利潤低一些也會願意擴張，造成產能比借款利率高的時候寬鬆，因此通貨膨脹壓力不高。

　　2008 年到 2020 年間就是這樣的情形，美國的好情況還被稱為是「金髮女孩經濟」。而今，COVID-19 疫情使得許多工廠停工，港口關閉，導致供給瓶頸，造成了 2021 年通貨膨脹

率竄高，形成了資產價格高、通貨膨脹率也高的情形。通貨膨脹率開始升高，雖然不至於是那種會嚴重影響人民生活的高物價水準，但是加上其他因素，就會造成金融資產價格的波動劇烈，接下來以股票價格說明原由。

股票價格的波動

　　本書寫作時，許多市場的股價處於歷史高點。2021 年 9 月 17 日，美國標準普爾 500 指數收在 4,433 點，台灣證交所發行量加權指數 17,277 點，中國的滬深 300 指數 4,856 點，歐洲市場的 STOXX 600 指數 462 點。

　　過去五年來，美國標準普爾 500 指數漲了 100%，台灣證交所發行量加權指數漲了 88%，即使日經 225 指數也漲了 82%。圖 7（請見本書第 9 頁）顯示最近兩年股市的漲幅與 COVID-19 疫情相關。2020 年 2 月 19 日市場開始下行，標準普爾 500 指數當天收盤在 3,386 點，3 月 23 日跌至 2,237 點，共跌了 34%，接者開始讓許多法人跌破眼鏡的狂漲，從 2020

年 3 月 23 日到 2021 年 9 月 17 日整整翻了一番，漲了 98%。
股價愈高，大波動的機會愈高，未來股價的波動將由四個因
素決定：利率、企業獲利、投資人心理、突發風險。

現在的本益比位居高點，以美國標準普爾 500 指數為例，
2021 年 9 月 17 日的本益比是 35，為歷史第三高，由於本益
比長期的歷史平均略低於 16，除非未來的本益比平均值高於
35，否則本益比必定要下修。本益比是股價與每股盈餘的比
例，本益比高表示股價高或是盈餘不夠高，在 COVID-19 疫
情的狀況下，股價高有兩種可能：一是市場資金太多，導致
利率太低，使得投資人偏好股票；一是投資人期望將來的盈
餘會高，現在願意以較高的價格買股票。

這次 COVID-19 疫情導致已開發國家政府採取破天荒的寬
鬆貨幣政策，圖 8（請見本書第 10 頁）顯示美國的貨幣供給
額（M2）在 2020 年有驚人的成長，造成利率大幅下降。圖 9
（請見本書第 11 頁）顯示美國三十年及十年的公債殖利率在
2021 年 9 月 17 日為 1.9% 及 1.3%。一百六十年來，美國十年
期公債殖利率平均為 4.3%，最低為 1.1%，現在的水準已接近
歷史最低點。標準普爾 500 指數在 2021 年 9 月時的股息殖利

率（Dividend Yield，過去 12 個月現金股息與現在股價的比值）是 1.31%，僅略高於自 19 世紀以來在 2000 年時發生的歷史低點 1.17%。

股票報酬率的波動比債券高，股票比公債的風險高，加上股票算是永續的證券，到期日遠比三十年期公債長，通常期限長的證券報酬較高，但是現在股票殖利率卻比較低（1.31% 相較於 1.85%），既然投資股票的殖利率比公債更低，表示股票投資人一定預期股票價格會漲。

歷史經驗顯示，股票與十年期公債報酬率的差距（稱為股票的風險溢酬）的確有此現象，根據美國紐約大學教授達摩德仁（Aswath Damodaran）的估計，[8] 1928 年至 2020 年間，每年的平均股票風險溢酬是 6.43%，過去十年，2011 年至 2020 年間升高到了 9.7%，肇因於這幾年的股價大漲。

股票風險溢酬本來就應該是正的，但是過去十年比近一百年的平均數高了 50%（9.7% ／ 6.43%），因此從風險溢酬的角度觀之，現在的股價是非常高的。股價是否合理還需要從兩方面分析：其一，企業的獲利展望；其二，投資股票的風險。

如果公司的盈餘前景佳，股價會較高；如果投資人較願

意承擔風險，股價也會較高。通常市場資金多、利率低的時候，投資人比較願意冒險，而且二戰以後，長期的和平造成財富的累積及傳承，可能使年輕一代較前輩更願意承擔風險。

由於標準普爾 500 公司在 2020 年的盈餘狀況差，2021 年的盈餘成長率便相對非常好。2019 年最後一季時，標準普爾 500 公司的盈餘成長率為 5.35%。到了 2020 年第一季時成長率即為 -13%，之後每況愈下，到第四季已惡化至 -32.5%。但是 2021 年第一季已完全改觀，盈餘成長率變成 63%，第二季為 88.8%，而且八成以上的公司表現超過證券分析師的預期。

2021 年 6 月以前的一年期間，標準普爾 500 公司的每股盈餘為 230 美元，而 1949 年 6 月以前的一年期間只有 4.48 美元。[9] 1949 年 5 月時標準普爾 500 指數的水準為 163.1，2021 年 6 月 1 日時為 4204.4。七十二年間，盈餘成長了 51 倍，而指數增加了 26 倍。

但是如果把現金股息納入，標準普爾 500 每一年的報酬

---

8. https://people.stern.nyu.edu/adamodar/pc/datasets/histretSP.xls.
9. https://www.gurufocus.com/economic_indicators/58/sp-500-earnings.

率是 11.9%，而每股盈餘的複利成長率只有 5.6%。因此，投資人投資標準普爾 500，除了拿到配息，加上配息的複利及資本利得，總共拿到的報酬率比盈餘成長高許多，這個結果與最近幾年股市大幅增值有關。

而且，從 2008 年全球金融危機發生前的高點到 2021 年中，每股盈餘成長了 60%，指數卻增加了 280%。綜合以上分析，股價與盈餘都居歷史高點，而且與歷史比較，現代與早期比，股價比盈餘漲得快許多。研究顯示，投資人對企業盈餘的改變很敏感，如果未來盈餘無法維持很高的成長率，股市將有很高的價格風險。

除了盈餘，會讓價格大幅改變的風險還有利率的變化，當利率升高時，股票的相對吸引力會下降，導致股價下跌。現在會造成利率上漲的最重要潛在因素為物價上漲，如果通貨膨脹高，投資人會要求較高的利率，彌補購買力的損失，而且中央銀行會被迫提高利率。作者認為，比較可能發生的情形是，隨著經濟景氣更為好轉，各主要國家的中央銀行會逐步調高利率，但因怕影響經濟景氣，不會調升太多，儘管如此，利率升高對股市還是會有一些負面影響。

不過，歷史經驗顯示，股票因為報酬率比債券及通貨膨脹率高，是比債券好的通貨膨脹避險工具。當投資人認為通貨膨脹的風險高時，會比較偏好投資股票。在沒有總體經濟的大風險衝擊（例如地緣政治風險）的情況下，股票價格會因需求增加有上漲空間。如果有長期過高的通貨膨脹，影響到總體經濟，股市就會表現差，但一如本書的分析，作者認為這個機會不大。還有一個風險是散戶投資心理的改變，散戶因為資訊不充分，投資時比較容易隨波逐流。2020 年與 2021 年的股市大漲，吸引了大量新的個人投資人進入市場，他們也促成了股市成交量破歷史紀錄。依據摩根史坦利的估計，迄 2021 年 9 月，全球股票基金的全年淨流入資金已達 6,890 億美元，破了 2017 年的歷史紀錄，共同基金多數為散戶持有，也造就了 2021 年標準普爾 500 指數在 9 個月內漲了 20%。[10]

---

10. Joshua Oliver, "US retail investors drive summer surge in stocks - JPMorgan warns of 'melt-up' in stocks because of runaway demand", *Financial Times*, September 6 2021. https://www.ft.com/content/d87c6631-55f0-4897-9634-bf0ad969e27d.

2021 年，散戶也變成了投資明星，他們在社群網站上傳遞訊息吹捧一些股票，造成大量散戶模仿跟進。英文將這種股票稱做「Meme Stocks」（迷因股），源於希臘文字「Mimema」，意思是「模仿」，所以作者稱這些在社群網路上投資人相互模仿投資的股票為「社仿」股票。例如遊戲驛站（Gamestop）就是一支膾炙人口的社仿股票。

　　社仿股票的投資人主要是年輕人，他們的投資決策依據的是社群上的話題與聲量。遊戲驛站是一個沒有跟上網路時代的實體遊戲店，業績每況愈下。有關該公司的話題可以追溯到 2020 年 7 月，有人在 Reddit 社群網站上吹捧遊戲驛站，漸漸形成聲浪。[11] 2021 年 1 月初，遊戲驛站的股價是 17.25 美元，月底漲到了 500 美元，後來迫使網路券商羅賓漢（Robinhood）在 2 月時停止接受買單，產生了很大的爭議。

　　2021 年 9 月 27 日，遊戲驛站的股價跌至 185.16 元。社仿股票的股價波動性極大，連法人都因此受傷。由於許多避險基金大量放空遊戲驛站，1 月份股價大漲時造成軋空，他們被迫回補股票，反而推升股價更多，造成上百億美元的損失。[12] 連精明的法人都慘遭滑鐵盧，不少散戶一定也賠了很多錢。

由於散戶缺乏從事基本面分析的專業與資訊，經常依賴市場謠言，人云亦云而投資，他們的投資活動常造成股價偏離基本面，擴大股價波動，而被學術界叫做「雜訊投資人」（Noise Trader）。當某些原因（可能是謠言或者是基本面的改變）讓散戶覺得不安時，可能會因少數人的舉動開始傳染至愈來愈多的人，形成大量的同方向交易量，造成股價大幅變化。由於 COVID-19 疫情中的股市吸引了大量散戶投入，散戶大量退潮的風險是投資人必須注意的。

　　以上討論的風險在中美匯流的過程中都有可能發生，可是在風險中也蘊藏了機會，如何利用機會並同時管理風險，

11. https://www.asktraders.com/learn-to-trade/stock-trading/gamestop-fundamentals/.

12. Rani Molla, "How much the meme stock rally has hurt short sellers - Redditors have hurt hedge funds but helped Wall Street", *Vox*, Febuary 2, 2021. https://www.vox.com/recode/2021/2/2/22261097/gamestop-wallstreetbets-short-seller-hedge-funds-losses-robinhood.

將決定企業與個人能否在中美的未來中脫穎而出。企業或個人因為條件不同，所見到的機會也不一樣。不論自己的機會如何，要掌握機會必須有一套策略邏輯。

接下來以台商為例，說明企業可以如何思考自己可能採取的策略。

台商的策略與風險管理

台商敏銳靈活的生產彈性及物美價廉的競爭力舉世聞名，雖然中美競爭已經造成全球經營環境劇烈改變，台商的優勢並不會因此稍減。台商需要的是一套能在新環境中脫穎而出的策略，並據以投入珍貴的金錢與人力資源。

由於中美關心的是攸關前沿科技發展的技術與供應鏈的掌握，例如半導體就是美國想在技術上保持領先，而且迫切要掌握晶片的設計與供應鏈的領域——因為這也正是中國想要迎頭趕上的領域——美國將盡全力防止中國獲得技術及建立完整的供應鏈。而剛好台灣在這領域中有全球獨到的產業

鏈及技術水準，造成台灣企業既有左右逢源的機會，也有懷璧其罪的風險。

　　因此技術層次高、附加價值大，甚至產品用途特殊性高的廠商，會在新環境中受到來自中美雙方的壓力。美國會要求這類台灣廠商不能供應中國廠商某些高端商品，例如台積電不能提供 5G 晶片給華為。但是中國也很需要台積電，所以台積電的回應是在大陸設立低階晶圓代工廠，同時在美國亞利桑那州設立 5 奈米晶圓廠。

　　美國自己的英特爾已經落後台積電，除了韓國的三星堪與比擬，台積電在全球具無比的市場力。因此台積電有空間可以左右逢源，在兩個市場中都獲利。儘管如此，台積電仍受到許多來自中美雙邊的壓力。絕大多數的台灣公司並無台積電的市場力，因此必須思考，如何才能既左右逢源又大幅降低懷璧其罪的風險。

　　台灣企業可以參考台積電現在的做法，並且修正成一個作者稱為雙總部的策略。台積電的策略可以稱為單總部策略。台積電在台灣掌握技術，最高階研發及工廠設於台灣，把技術層次稍低的 5 奈米廠設於美國，把普通技術 16 奈米 12 吋晶

圓廠設於南京。台積電總部在台灣，唯一的晶圓代工子公司是在台灣上市的世界先進積體電路公司，並未以設立子公司的形式在其他國家設晶圓代工廠。除了奈米科技，台積電的代工技術是多年經驗的累積，不是其他企業容易學習趕上的。

其他企業無法完全比照台積電的「單」總部策略，可是仍有機會採取「雙」總部策略，減低懷璧其罪的風險並左右逢源。雙總部策略是維持在台灣設總部，處理美國相關商機，同時在海外設立另一個總部，處理中國大陸相關商機。其實許多台商本來就有先在海外設立公司再進入大陸市場的做法，但是也許需要做一些調整，才能妥善管理懷璧其罪的風險。

首先，策略上要先確認自己是否要在中國大陸的供應鏈中營運，這方面要思考自己的產品在該供應鏈中的優勢，以及未來的發展。如果決定要做，就必須有破釜沉舟的精神，以一個獨立的形式營運，把自己定位為中國公司，完全融入於中國的供應鏈中。不過宜謹慎思考公司的股權結構與組織，避免如果也在美國的供應鏈中營運，可能被迫必須在兩個供應鏈中擇一營運的風險。例如可以考慮在台灣及海外的總部各以一個獨立的公司營運，兩邊互不隸屬，但是個人股東可

以重疊。這個結構當然無法完全規避風險，企業仍應以自己的狀況設計組織及股權結構，管理懷璧其罪的風險。

台商為了因應美國供應鏈的調整，已開始將部分產能移出大陸，往越南與墨西哥等國移動，希望將來可以繼續在中美的供應鏈中左右逢源。如果你的公司的產品附加價值高，儘管極具競爭力，懷璧其罪的風險仍是非常高的，宜事先預防及管理。

如果產品的替代性較高，則懷璧其罪的風險低。有些這類台商其實在中美貿易戰開打之前就已開始移出大陸。他們本來在大陸的商業模式是利用大陸的低廉勞力、土地等優勢，生產商品外銷全球。但是面對大陸的勞工成本不斷大幅上漲，土地取得成本不再低廉，加上環境保護、改善空汙、發展乾淨產業等因素，被迫移到成本更低的地方生產，以便繼續利用原本的商業模式。由於生產成本決定這類台商的競爭力，他們需要努力增加產品的附加價值，或者為原有的商品找新出路，但是因懷璧其罪風險低，不必拘泥於中美的任一供應鏈中。

如果你的企業不屬於攸關國家安全的前沿科技領域，但

是在某些領域的供應鏈中有特殊的競爭優勢，其實是很理想的狀態，可以在中美的未來中左右逢源，而且不必太過擔心懷璧其罪的風險。有些台商已經在中國大陸耕耘多年，長期低調但獲利頗豐，如 2021 年在上海 A 股上市的華利，主要業務為替國際大廠代工運動鞋，因為中國大陸為全球最大的運動鞋市場，華利因此高速成長，造就張聰淵家族成為台灣首富。運動鞋這類領域無關國家安全，不會因中美戰爭而被迫選邊，有全球競爭優勢的廠商，如果有適當的資本配置，便能脫穎而出。

台商在中國大陸的終端消費市場也有許多機會，雖然有些產品的零組件屬於攸關國家安全的領域（例如製造高端手機所需的先進半導體製程晶片），但是終端產品本身卻是一般消費性產品，在中國將隨內需市場的擴大而需求大增。大陸有 14 億人口，中產階級正迅速興起，北京、上海、深圳近 1 億人口的國民所得已與台灣差不多，消費力非同小可，而且會繼續上升。台商如果想耕耘這類市場，可以參考以下的思維模式制定發展策略，將有機會在大陸市場占一席之地。

到中國大陸發展前應探索下列問題：公司的產品或服務

在大陸有市場嗎？公司的商業模式可以在大陸複製嗎？如果不能複製，可以調整嗎？需要什麼資源（人才、當地夥伴等）才能夠成功？必須克服哪些限制條件，才能成功在大陸發展（法規、特殊政商關係、文化等）？到大陸落地發展終端內需市場的公司（非僅是出口到大陸，而是利用當地供應鏈生產，直接在大陸銷售）通常必須掌握特殊技術，在大陸必須具有特殊優勢，才能建立品牌價值。

一般而言，台商終端商品在內需市場的品牌價值、技術、規模等，無法與西方大廠比擬，但台商對大陸市場的理解與人際關係具特殊優勢。而且台商在例如服飾、鞋子、餐飲、零售等領域已迭創佳績，如果有決心深耕大陸市場，是極有發展潛力的，可以繼續以台灣為研發基地，以大陸為消費市場，在大市場中練習建立品牌，再延伸到其他國家。

此外，有些台商具有與外商合作一起進入中國大陸市場的優勢，例如有些日本公司已與台商合作。有一個重要因素決定台商在大陸的長期競爭力：公司是否全力融入當地的勞力市場、供應鏈及通路，讓自己完全在地化經營，而這正是台商相對於外商的最大競爭優勢。在風險管理方面，應了解

公司是否有做好海內外股權、資金鏈等重要風險管理，避免進退失據。

你可以依據上述分析，檢驗公司是否應該因應全球經營環境的改變趨勢而調整策略及商業模式，並建立競爭優勢。策略檢視應愈快進行愈好，因為企業需要盡快為了未來進行資本配置，而且現在的籌資環境絕佳，能以非常低的資金成本籌資。

因應策略調整，趁資金成本低時準備資本支出

2021 年股市交易量大增，從 2020 年底的每天三千多億，到 2021 年初的三、四千億，到 4、5 月時動輒六千、七千、八千多億的交易量。即使到了 10 月份也還有四千多億的每日交易量，帶動台股一年多的上升行情，不僅打破了 1990 年 2 月 12 日 12,682 點的紀錄，而且迭創新高，在 2021 年 7 月份曾突破 18,000 點，這種交易量與股價的狂升，是難得的籌資環境。

股價直接影響公司的資金成本，股價與股東想要的投資報酬成反比，高股價表示股東願意以低報酬投資公司，因此資金成本較低；而且，當公司初上市或現金增資時，高股價降低了公司為籌資所需發行的新股數，減少股權稀釋程度，對股東極為有利。

　　不僅股價高，現在因為利率極低，許多公司可以用很低的利率發行公司債，例如台積電在 3 月 19 日以固定年利率 0.6%，發行十年期的無擔保普通公司債；鋼鐵公司春雨 10 月份發行公司債，七年到期一次還本，利率為固定年利率 0.65%。對於適合增加資本結構槓桿程度的公司而言，低利率期間是很好的調整槓桿時機。相對地，對負債過高的公司而言，現在卻是一個趁股價高，以現金增資降低槓桿的好時機。

　　2021 年股市居相對歷史高點，除非本章討論的風險發生，否則股市維持高檔、利率維持相對低檔的機會很高。隨著全球疫苗施打普及率改善，COVID-19 疫情逐漸好轉，企業盈餘將維持不錯的表現。而本書也已分析，全球不至於有長期性的高通貨膨脹，主要各國政府不至於急踩貨幣政策煞車，造成利率突然大幅升高，因此企業尚來得及規劃現金增資、發

行公司債，或者向銀行貸款，但是必須以企業的發展策略為
籌資的依據。

一般人的生涯發展策略與風險管理

當了解了中美的未來趨勢後，我們可以用類似企業的策
略思維模式思考自己的職涯發展。你可以問自己以下幾個問
題：這個世界對你有哪些需要？你希望貢獻的是什麼？誰最
會因為你的努力獲益？這些貢獻與你想做的事情契合嗎？你
自己將如何因有貢獻而獲益？你有能力做這個貢獻嗎？已經
有人嘗試過要做類似的貢獻嗎？他們成功嗎？為了做這種貢
獻，有哪些自己及外部的限制條件？

我們以如何在中美的未來中脫穎而出，依序思考上述問
題。第一個問題是這個世界對你有哪些需要？其實這個問題
就是問，在中美的未來中，個人有什麼機會？未來的世界將
由中美兩國主導，在這種趨勢及全球政經環境下，各種機構
會需要各種人才爭取商機或者管理風險，各國社會也會因這

個趨勢而產生許多創業的機會。分析自己在這個趨勢中有什麼機會,將對職涯發展有重大影響。

第二個問題是你希望貢獻的是什麼?並不是所有的機會都值得我們去追求,我們應選擇有意義又能有貢獻的機會。有些機會很有意義,但如果無法確定自己能做的貢獻,這種機會也不適合爭取。因此,思考自己能有什麼貢獻很重要,例如:公司是否會因為我,行銷策略更有效,或員工訓練更到位?

第三個問題是誰最會因為我們的努力而獲益?獲益的對象愈多,通常貢獻就愈大。例如:做為一個企業人力資源部門的員工,因為自己的努力,公司的員工訓練做得很好,提升了同仁的工作績效,即是一種重要貢獻。知道因我們的努力而獲益的人是誰,會幫助我們聚焦在對這些獲益者提供貢獻,增加成功的機會。

第四個問題是,即使在某些工作機會上能有貢獻,但這個工作機會與自己想做的事情契合嗎?如果你能辨識機會,就會發覺機會不少,但是必須要做自己有熱情的事情,否則即使有機會,卻沒有熱情,將徒勞無功。同樣地,有熱情也

必須有好機會，才能有大貢獻。

第五個問題是，你自己將如何因有貢獻而獲益？這是一個現實的問題，每個人對於該得到什麼回饋有不同的想法。有些人期望高金錢報酬，有的人希望得到很多肯定，不一而足。知道自己想要什麼樣的回饋很重要，當回饋與預期相符時，我們會受鼓勵而有更高的熱情投入，但如果爭取某個機會時，並未想好適合自己的回饋，很可能造成失望與喪失熱情。

第六個問題是，自己有能力做出貢獻嗎？不是每個機會都適合我們的能力，評估自己的能力與機會的契合度，可以增加做出貢獻的機會。做評估時宜避免過於保守，應思考自己的在職學習能力，我們的能力往往會隨時間增強，而且有時熱情可以逐漸彌補能力的不足。

第七個問題是，公司中有沒有人已經嘗試過要做類似的貢獻？或者市場中有沒有人已經嘗試過追求這個機會？探索這個問題可以幫助我們了解哪些人已經嘗試過，以及別人以什麼方法追求貢獻，不論別人是否失敗，都可以給我們很好的借鏡。

第八個問題是嘗試過的人成功了嗎？如果失敗了，可以研究他們失敗的原因，而不重蹈覆轍，甚至可以幫助我們確認，自己對這個機會有可能做出好貢獻嗎？如果已經有成功做出好貢獻的例子，我們則可以評估是否模仿、改進或放棄這個機會。

　　第九個問題是，有無一些自己及外部的限制條件，使得即使有能力追求這個機會，但因為這些限制條件，自己也無法做出貢獻？譬如家庭狀況不允許自己到國外工作，或者所得必須高於某些水準等。

　　除了企業及個人成長策略，大家也很關心投資理財。本書為各位讀者分析了未來的國際經濟趨勢、經營環境及風險。在一個中美激烈競爭的態勢下，因為風險高，金融市場一定會比過去更形震盪，但是一個中長期後雙贏的局面也有很多機會。如果您是專業投資人，參考本書的分析可以給你珍貴的指引，在擇時及選股方面獲益。如果你是一般投資人，以下的建議可以增加你獲利的機會。

你的長期投資策略

一、資產配置

投資理財就像企業與個人，最重要的決策是資本配置，就是把資金分配在不同的資產類別中，例如股票、債券（包含定存）、大宗物資如黃金等。

由於一般投資人缺乏好的資訊管道及分析金融商品的專業能力，比較適合的投資標的有以下特徵：流動性高（即交易量大）、交易成本低（交易成本包含手續費、稅、管理費等）、透明度高（資訊揭露充分與清楚）、獲利結構簡單（例如股票的獲利來源就是價差與配息）等。

因此，比較適合散戶的是股票、債券與存款型的標的。通常股票的風險比債券高，因為股票有較高損失的機會比債券高，但是也有較高的獲利機會；存款則是風險很低，基本上不太會賠錢，但是利率也很低。

當決定了資產類別後，應思考地理區域的資產配置，也就是把資金分配在不同的國家及區域中。你可以參考本書對中美未來的分析做適當的配置，但請了解，雖然作者對本書

的分析很有把握，你必須為自己的投資風險負責。

當決定了地理區域的配置後，可以開始考慮個別投資標的。如果沒有專業能力、時間或足夠的資訊做個股分析，可以考慮投資基金；如果也覺得基金標的不容易選擇，可以考慮投資指數型基金。指數型基金的操作目標是給投資人和指數一樣的績效，可以先考慮自己熟悉的指數，先從台灣市場開始投資。台灣現在有許多 ETF 可以投資，ETF 也是一種指數型基金，但是槓桿型的 ETF 風險高，不見得適合做為長期投資標的，投資前應慎思。

二、選擇投資標的

企業在大環境中生存發展，必須了解未來的經營環境趨勢，適時調整策略與營運，才能因勢利導、洞燭機先並脫穎而出。讀者選擇投資標的時可以參考本章的分析，研究想要投資的公司是否屬於這種值得青睞者。

如果你是長期投資者，應分散風險，除了考慮中國及與中國供應鏈緊密連結的國家，例如越南等東南亞國家及台灣，也應將美國及美國企業的供應鏈納入投資組合中。儘管歐元

區、英國、日本、加拿大、紐澳等國的成長潛力不如中美，但是社會穩定、科技及工業基礎雄厚，仍具備投資價值。

如果你也想考慮其他新興或開發中國家，必須注意這些國家是否存在穩定成長的因子。你可以探索下列幾個問題：國家政治是否穩定？是否持續投資教育？司法是否有進步？官員貪瀆情形是否有改善？政府是否有能力控制財政支出及物價？是否有可以持續發展的產業？外資是否對投資該國感興趣？如果這些問題的答案是正面的，可以考慮投資這些國家。

三、長期投資與分散風險可能是你的最佳投資策略

除非你擅長擇時或選股，否則長期投資加上分散風險會是一個值得考慮的策略。國內外有許多共同基金及 ETF 可以做為分散風險的投資標的，很多金融機構，包括券商、銀行、基金公司等，承做定期定額的業務，投資人可以每月、每週甚至每天定額投資。定期定額可以避免擇時，投資基金則便於分散風險，免去選股的煩惱。如果你也想免除選基金的煩惱，可以選擇指數型的基金與 ETF。

要真正做到不擇時，就要有長期投資的準備。要有能力

長期投資，必須有能力「等」，在市況不佳時不必出脫投資。

　　第一、投資前必須先存好作者所謂的「生活金」，就是能夠讓自己在某一段時間內，即使沒有收入或有緊急需求，也不需要賣掉投資。通常年齡愈長，生活金應愈多，例如 30 歲以下有足夠一年生活所需的生活金，30 至 40 歲有兩年的生活金，依此類推。生活金應存放在風險極低、流動性高的資產上，例如定存。

　　第二、要努力工作，有工作收入的人才有「等」的能力。我們投資時常把目光聚焦於金融資產上，卻忽略了最值錢的資產是自己，投資自己的報酬率是最高的。有工作所得才有辦法投資，請記得，你的第一桶金來自於自己的工作所得，只要有源源不絕的工作所得，你就有能力等；反之，不但無法儲蓄，還會因沒有收入而必須在市況差時變賣資產。

　　第三、維持身心健康是能夠正常工作的基礎，所以要有足夠的精神花在健康上。健康的人比較快樂，所以要避免因為工作影響了健康，也要避免因投資不順而影響健康。

　　第四、好好照顧家庭，家庭和樂才不會有後顧之憂，也才可以專心追求事業、身心、理財與家庭的平衡。如果家庭

不和樂，即使有錢也不會快樂。

掌握趨勢關鍵因素，執行最佳判斷

　　了解本書分析的趨勢對您掌握未來應當很有幫助，但是真正能利用趨勢的，是對所認知的趨勢懷抱信念的人，這個信念必須基於對用來判斷資訊的邏輯是否有足夠的自信，而且明白真正決定這個邏輯的因素。有些因素經常變化，但是對於趨勢並無長期的影響，而有些關鍵因素一旦改變就會改變趨勢。以氣候為例，我們知道從冬天到夏天氣溫會上升，其中一個最關鍵的原因是，地球公轉造成地球的不同地區隨季節面對太陽的角度不同，只要公轉與太陽這兩個因素繼續存在，就算在季節變換的過程中有風雪、颱風、地震等因素，夏天的溫度就會比冬天高。因此在季節溫度的判斷上掌握了這兩個因素，溫度改變的趨勢就掌握住了。

　　在中美匯流的過程中，一定會有許多風風雨雨，出現各種鬥爭的手段，但是真正決定中美未來的是本書所分析的因

素，希望您閱讀本書之後，能夠形成自己對中美未來趨勢的判斷邏輯，才不至於人云亦云，經常改變自己的看法，導致無法利用長期趨勢制定對自己有用的策略。

財經企管　BCB758

中美匯流大未來

地緣政治、宏觀經濟、企業經營趨勢

中美匯流大未來：地緣經治、宏觀經濟、企業經營趨勢 / 周行一著. -- 第一版. -- 臺北市：遠見天下文化, 2022.1
304 面；14.8×21 公分. --（財經企管；BCB758)

ISBN 978-986-525-444-5（平裝）
1. 中美經貿關係 2. 經濟發展 3. 地緣政治 4. 企業經營
552.1　　　　　　　　110022503

作者 — 周行一
圖文協力 — 顧庭伊

總編輯 — 吳佩穎
責任編輯 — 張彤華
校對 — 蘇暉筠（特約）
美術設計 — 蔡美芳（特約）
內頁排版 — 蔡美芳（特約）

出版者 — 遠見天下文化出版股份有限公司
創辦人 — 高希均、王力行
遠見・天下文化 事業群榮譽董事長 — 高希均
遠見・天下文化 事業群董事長 — 王力行
天下文化社長 — 王力行
天下文化總經理 — 鄧瑋羚
國際事務開發部兼版權中心總監 — 潘欣
法律顧問 — 理律法律事務所陳長文律師
著作權顧問 — 魏啟翔律師
地址 — 台北市 104 松江路 93 巷 1 號 2 樓
讀者服務專線 — 02-2662-0012 ｜ 傳真 — 02-2662-0007, 02-2662-0009
電子郵件信箱 — cwpc@cwgv.com.tw
直接郵撥帳號 — 1326703-6 號　遠見天下文化出版股份有限公司

製版廠 — 東豪印刷事業有限公司
印刷廠 — 祥峰印刷事業有限公司
裝訂廠 — 聿成裝訂股份有限公司
登記證 — 局版台業字第 2517 號
總經銷 — 大和書報圖書股份有限公司 電話／(02)8990-2588
出版日期 — 2022 年 1 月 10 日第一版第 1 次印行
　　　　　　 2024 年 8 月 13 日第一版第 5 次印行

定價 — NT420 元
ISBN — 978-986-525-444-5
EISBN — 9789865254414（EPUB）；9789865254421（PDF）
書號 — BCB758
天下文化官網 —— bookzone.cwgv.com.tw

天下文化
BELIEVE IN READING